Dr. Benedict Probst ist studierter Betriebswirt und Umweltökonom an der ETH Zürich und University of Cambridge, Berater und Autor. Seine Artikel erschienen unter anderem in der *Süddeutschen Zeitung* und in führenden Fachjournalen wie *Nature Sustainability*.

Nina Martin ist studierte Psychologin und begann ihre Karriere als Innovationsberaterin für Unternehmen, die agil arbeiten wollen. Sie hält Vorträge und bietet Coachings an, ist Autorin und Journalistin. Ihr Buch «Plane nicht – lebe!» ist 2021 im Rowohlt Verlag erschienen.

BENEDICT PROBST
NINA MARTIN

SAVE
FOR
THE
PLANET.

WIE DU NACHHALTIG
INVESTIERST

Rowohlt Taschenbuch Verlag

Originalausgabe
Veröffentlicht im Rowohlt Taschenbuch Verlag,
Hamburg, Juli 2022
Copyright © 2022 by Rowohlt Verlag GmbH, Hamburg
Covergestaltung zero-media.net, München
Illustrationen im Innenteil von Lorna Schütte
Coverabbildung FinePic®, München
Satz aus der Questa
bei CPI books GmbH, Leck, Germany
Druck und Bindung GGP Media GmbH, Pößneck, Germany
ISBN 978-3-499-00926-6

«Es ist nicht das, was du nicht weißt, das dich in Schwierigkeiten bringt. Es ist das, was du sicher weißt, das aber gar nicht so ist.»

Gewöhnlich Mark Twain zugeschrieben,
Herkunft unbekannt

Disclaimer

Von uns erwähnte Anlageprodukte sind immer mit Risiken behaftet. Alle Hinweise und Informationen stellen keine Anlageberatung oder Empfehlung dar. Sie wurden nach bestem Wissen und Gewissen aus öffentlich zugänglichen Quellen übernommen. Alle zur Verfügung gestellten Informationen dienen allein der Bildung und Veranschaulichung. Eine Haftung für die Richtigkeit kann nicht übernommen werden. Sollten Leser:innen sich die angebotenen Inhalte zu eigen machen, so handeln sie eigenverantwortlich. Die Inhalte dieses Buches stellen lediglich eine Basis für die finanzielle Bildung der Leser:innen dar. Bevor mit Anlageprodukten gehandelt wird, wird empfohlen, weitere Informationsmaterialien heranzuziehen und eine fundierte, individuelle Strategie zu erarbeiten.

INHALTSVERZEICHNIS

Vorwort

Wir saßen vor einem vollgekritzelten Whiteboard auf dem knarzenden Holzfußboden unserer Berliner Wohnung. Nina sah mich an und fragte: «Ist das alles?» Ich nickte. Auf dem Whiteboard: Zahlenreihen, Namen von Banken und die Kosten größerer Posten wie unserer Hochzeit. Und darunter: ein langer Strich und eine Zahl. Unser gesamtes Erspartes. Nina lachte: «Mehr als gedacht.»

Nach einigen Jahren, in denen in regelmäßigen Abständen Geld auf unsere Konten geflossen war, hatten wir etwas angespart. Kein Vermögen, aber mehr, als wir für unser tägliches Leben, den nächsten Urlaub oder die gelegentliche Spende brauchten.

Hier saßen wir nun in unseren späten Zwanzigern vor einer Finanzaufstellung, die wir einige Wochen vor uns hergeschoben hatten: Nina, Innovationsberaterin und Psychologin. Und ich, Ben, gerade die Promotion in Umweltökonomie abgeschlossen, mit einem Fuß immer in der Wissenschaft und dem anderen Fuß in der Finanzwelt. Ich hatte für eine deutsche und eine internationale Bank gearbeitet und in einer Beratungsfirma Investoren unterstützt, ihr Geld sinnvoll in erneuerbare Energien anzulegen.

Doch unser eigenes Geld parkten wir auf einem Girokonto, obwohl wir genau wussten, dass das eigentlich der falsche Weg ist. Die Inflation knabbert Jahr für Jahr einen Teil des Geldes ab, und die mickrigen Zinsen auf den

Spar- und Tagesgeldkonten können das nicht aufwiegen. Wir spendeten also jährlich einen Teil des Geldes an – ja, an wen eigentlich? – den Inflationsgott?

Doch nicht nur uns erging es so. Auch in unserem Freundes- und Bekanntenkreis hörte ich des Öfteren einen der folgenden Gründe für diese «Sparstrumpf-Taktik».

Zum einen hatten viele den Eindruck: Wir haben doch gar nicht so viel Geld. Wahrscheinlich reicht es nicht aus, um es aktiv anzulegen und einen Ertrag zu erzielen. Und was ist, wenn wir das Geld mal dringend brauchen und dann nicht rankommen? Nach den mauen Studien- oder Ausbildungsjahren waren sie es genau wie wir nicht gewohnt, am Ende des Monats einen Überschuss auf dem Konto vorzufinden.

Hinzu kam, dass viele unserer Freunde keine klassischen Karrierepfade mit unbefristeten Verträgen und Betriebsrenten eingeschlagen hatten. Vorbei waren die Zeiten, in denen man mehr als 40 Jahre für dieselbe Firma arbeitete. Wir alle wussten nicht genau, wie es einkommenstechnisch weitergehen würde. Also: besser nichts riskieren. Für unsere Freunde, wie für viele andere Menschen, ist Investieren ein neues Feld, das sich die meisten erst erschließen müssen.

Aber der eigentliche Grund für die Sparstrumpf-Taktik war, dass viele ihr Geld gerne nachhaltig investieren wollten. Sie wollten den Planeten mit ihrem Geld nicht noch zusätzlich belasten und zu Ausbeutung und Umweltzerstörung beitragen. Damit waren unsere Freunde nicht alleine: Für rund die Hälfte der deutschen Privatanleger:innen ist Nachhaltigkeit in der Geldanlage inzwischen ein wichtiger Faktor. Gleichzeitig sollte die Investition natürlich auch Rendite abwerfen. Wie eine Bekannte sagte: «Sonst könnte ich das Geld ja gleich spenden.»

Aber nachhaltige Geldanlagen zu finden, stellte sich selbst für meine in Finanzthemen bewanderten Freunde als schwierig heraus. Eine Freundin sprach mit dem Anlageberater einer Mittelstandsbank, um etwas Klarheit im Umgang mit sogenannten «nachhaltigen Anlagen» zu gewinnen. Der Bankberater empfahl ihr einen nachhaltigen Fonds, der bei genauem Hinsehen aber auch Ölunternehmen im Portfolio führte. Diese Freundin fragte mich danach resigniert: «Was ist denn jetzt eigentlich nachhaltig?»

Aus diesen und vielen weiteren Fragen und Gesprächen ist das Buch entstanden, das du jetzt in Händen hältst. Gemeinsam gehen Nina und ich darin der Frage nach, wie wir unser Geld gut und nachhaltig anlegen können. Und warum das nicht nur sinnvoll für uns, sondern auch für den Planeten sein kann.

Nina und ich beschreiben unsere eigene Reise durch den grünen Finanzdschungel, was wir dabei gelernt haben und was wir dir gerne mitgeben möchten. Wir wollten kein trockenes Fachbuch schreiben, deshalb ist dieses Buch auch kein akademisches Traktat. Wir ersparen dir an einigen Stellen die Details akademischer Debatten und verweisen oftmals auf weiterführende Quellen.

Bei der Recherche zu «Save for the Planet» haben wir schnell gemerkt, dass es unzählige Mythen gibt, die sich um das Thema «Nachhaltiges Investieren» ranken. Wir glauben, dass uns viele davon abhalten, nachhaltige

Finanzentscheidungen zu treffen. Im ersten Teil dieses Buches behandeln wir deshalb die gängigsten Nachhaltigkeitsmythen.

Im zweiten Teil entwickeln wir mit dir deine finanzielle Strategie. Darin geht es auch darum, zu reflektieren: Welcher Anlagestil passt am besten zu deiner Persönlichkeit, deinen Werten und Zielen? Im dritten Teil unterstützen wir dich dabei, deine persönliche Anlagestrategie in die Tat umzusetzen.

Zwei Dinge sind uns besonders wichtig gewesen. Erstens: Wir wollten dir keine Werbebroschüre für vermeintliche grüne Anlagen vorlegen, sondern das Thema ehrlich beleuchten und dir zeigen, was du als Privatanleger:in wirklich mit deinem Geld erreichen kannst. Denn die Gleichung lautet leider nicht: eine Investition in nachhaltige Firmen = eine nachhaltigere Welt. Dennoch gibt es viele Einflussmöglichkeiten, um den Planeten mit deinem Geld nachhaltiger zu machen, die wir dir in diesem Buch näherbringen. Und zweitens: Wir wollten ein Buch schreiben, mit dem du gleich loslegen kannst. Deshalb findest du in Teil II und III des Buchs Anleitungen, die dir Schritt für Schritt dabei helfen, deine grüne Finanzstrategie zu entwickeln und umzusetzen.

Eines vorweg: Wenn wir von «nachhaltig» oder «grün» sprechen, dann meinen wir damit primär Anlageoptionen, die einen glaubhaften Ansatz haben, die Ziele des Pariser Klimaabkommens langfristig einzuhalten. In diesem haben sich 2015 mehr als 195 Staaten auf das Ziel geeinigt, die globale Klimaerwärmung auf deutlich unter 2 Grad Celsius im Vergleich zum vorindustriellen Zeitalter zu begrenzen. Wissenschaftler:innen sind sich halbwegs sicher, dass uns bei weniger als 2 Grad Erwärmung das Klima nicht komplett um die Ohren fliegt.

Die Aktivistin Greta Thunberg schrieb, dass sich Klimakonferenzen mit dem folgenden Wort trefflich zusammenfassen ließen: «Blablabla». Aber: Zumindest geben sie ein Klimaziel vor, welches von der Wissenschaft klar getragen wird: 2 Grad, am besten nur 1,5 Grad Erderwärmung. Wie wir dort hinkommen, das ist die nächste Frage.

Wir fokussieren uns bei der Definition von Nachhaltigkeit auf den Einfluss von Investitionen auf das Klima. Das heißt aber nicht, dass andere Umwelteinflüsse, wie der Einfluss von Investitionen auf die Artenvielfalt, weniger wichtig sind. Jedoch lassen sich jene schwerer messen, und Daten zum Einfluss von Unternehmen auf die Artenvielfalt sind seltener verfügbar als Emissionsdaten. Zudem bildet der Klimaschutz zumindest teilweise auch andere Faktoren ab: So trägt beispielsweise der Schutz von Tropenwäldern neben dem Schutz des Klimas auch zum Erhalt der Artenvielfalt bei. Dasselbe gilt für den sozialen Einfluss von Investitionen. Auch wenn wir diesen Aspekt nicht in den Fokus rücken, trägt Klimaschutz auch zur sozialen Gerechtigkeit bei, da die Ärmsten dieser Welt besonders unter den klimatischen Veränderungen leiden und leiden werden.

Und warum schreiben wir das Buch zusammen? Primär: Weil es uns Spaß macht. Wir haben schon einmal gemeinsam ein Buch veröffentlicht und dabei gemerkt, dass wir uns gut ergänzen: Nina hat ein Faible für Geschichten, ich wälze gerne die wissenschaftliche Literatur.

Geschrieben habe ich, Ben, das Buch größtenteils, und somit ist es auch aus meiner Perspektive erzählt, aber einige Kapitel stammen aus Ninas Feder. Zudem haben wir zusammen das Konzept erarbeitet, die Kapitel geplant, Expert:innen interviewt, an den Texten gefeilt und gemeinsam als Paar unsere eigenen Finanzen auf Vordermann gebracht.

Das Buch ist modular geschrieben, sodass du je nach Interessenschwerpunkt Teile überspringen kannst. Am Ende jedes Kapitels findest du unter der Überschrift «Für Eilige» eine Zusammenfassung, wenn es schnell gehen soll oder du dein Wissen nur kurz auffrischen möchtest. Für die Leserlichkeit verzichten wir auf Fußnoten und Quellenhinweise im Text. Als Wissenschaftler konnte ich aber doch nicht ganz auf Quellen verzichten: Am Ende des Buches findest du die wichtigsten Studien, auf die wir uns beziehen.

Und jetzt: Viel Spaß beim Lesen und Investieren!
Ben und Nina

TEIL 1

stimmt das wirklich?

Grüne Mythen auf dem Prüfstand

TEIL 2

Was möchtest du?

Deine persönliche Anlagestrategie

TEIL 3

Wie legst du los?

Deine Schritt-für-Schritt-Anleitung für nachhaltiges Investieren

TEIL I: STIMMT DAS WIRKLICH? GRÜNE GELDMYTHEN AUF DEM PRÜFSTAND

«Die zwei wichtigsten Fragen, die ich Menschen stelle, die sich gegen den Klimawandel engagieren: Was machst du mit deiner Zeit, und: Was machst du mit deinem Geld?»

Fridtjof Detzner, Gründer des grünen
Wagniskapitalgebers Planet A

Während mehr als die Hälfte der Deutschen ein Interesse an nachhaltigen Anlagen bekundet, liegt deren Anteil am deutschen Fondsmarkt bei lediglich fünf Prozent. Wie kommt das?

Ein wichtiger Faktor sind Geldmythen, die vielen Menschen nachhaltiges Investieren erschweren. Diese Mythen sind uns immer wieder in Gesprächen mit Freunden und Verwandten begegnet, in den Medien und vereinzelt auch in der Wissenschaft. Über einige der folgenden fünf Mythen bist du vielleicht auch schon gestolpert:

1. Mein Geld liegt nur auf der Bank, also passiert auch nichts damit.
2. Nachhaltige Investitionen sind unrentabel.
3. Durch nachhaltige Anlagen wird die Welt nicht nachhaltiger.

4. Grünen Labels kann man nicht vertrauen, alles nur Greenwashing.
5. Ich habe als kleine:r Anleger:in eh keinen Einfluss.

Diese Mythen halten uns davon ab zu investieren, oder sie erschweren es, dass wir uns dem Thema zuwenden. Wenn wir diese auflösen, wird klar, dass Investieren – und vor allem nachhaltiges Investieren – gar nicht so schwer ist.

Geldmythos 1: Mein Geld liegt nur auf der Bank, also passiert auch nichts damit

Wir tragen sie mit uns herum, sie sind unsere ständigen Begleiter. Es gibt sie in verschiedenen Farben, inzwischen verwandelt sich sogar unser Handy mit Apple oder Google Pay in eine von ihnen. Genau: Bankkarten. Neben meinem Schlüssel sind sie das, was ich außer Haus immer dabeihabe.

Meine Freunde und Bekannten lassen sich in zwei Fraktionen einteilen: die Traditionellen und die Hippen. Die Traditionellen sind immer noch bei ihrer ersten Bank, oft prangt das rote S auf weißem Hintergrund auf ihrer Karte. Wenn sie sagen «Ich muss noch kurz eine Sparkasse suchen», schütteln die Hippen den Kopf und ziehen bei der nächstbesten Bank mit ihrer durchsichtigen Karte der Online-Bank N26 Geld aus dem Automaten.

Okay, es gibt noch eine dritte Fraktion, die aber viel überschaubarer ist. Nennen wir sie «die Ökos». Vor einigen Jahren bezahlte ein befreundeter Wissenschaftler beim Mittagessen mit einer Karte der ökologischen Triodos Bank. Und ich dachte mir: Löblich, aber was bringt das schon, außer, dass er sich mit einem bescheidenen Onlinebanking-System rumschlagen muss?

Auch ich war einer derjenigen, die der Meinung waren:

Mein Geld liegt nur auf der Bank. Hauptsache, das Onlinebanking sieht schick aus, funktioniert, und ich kann überall Geld abheben. Ob mein Geld nun bei N26 oder bei der Triodos Bank liegt, ist mir doch egal. Viel ist es eh nicht.

Aber wie ich dir in diesem Kapitel zeigen möchte, lohnt sich ein kurzer Blick auf das Finanzsystem, um zu verstehen, wie Geld geschaffen wird und wie es von Banken verliehen und investiert wird. Wenn du verstehst, wie Geld geschaffen wird, dann wird auch deutlicher, welchen Einfluss du mit deinem Geld überhaupt ausüben kannst.

Dein Geld liegt bei modernen Banken nämlich nicht in einem eingestaubten Tresor, im Gegenteil: Banken gleichen immer mehr IT-Unternehmen, die in Sekundenschnelle Geld über den Globus verschieben können – und dein Geld ist mittendrin.

Heißt das, dass deine Bank dein Geld in Kohlekraftwerke am anderen Ende der Welt steckt? Vermutlich nicht. Selbst wenn du dein Geld bei einer Bank parkst, die gerne auch mal Kohlekraftwerke finanziert, rasiert es vermutlich gerade keinen Wald weg, unter dem das schwarze Gold liegt. Dafür ist die Welt des Geldes ein bisschen zu komplex. Banken brauchen dein Geld nämlich nicht zwingend, um Kohlekraftwerke zu finanzieren. Sie wollen dein Geld aber unbedingt, und genau das verschafft dir als Privatperson einen Einfluss über das Investitionsverhalten von Banken.

In diesem Kapitel erfährst du,

- dass Banken zunehmend IT-Unternehmen gleichen und was das für das Investitionsgeschäft der Banken bedeutet,
- dass Geschäftsbanken, wie zum Beispiel die Commerzbank, Geld frei nach Pippi Langstrumpf schaffen: «Ich mach mir das Geld, widdewidde wie es mir gefällt», und weshalb dein Geld vermutlich nicht direkt in Kohlekraftwerke investiert wird,
- und dass Banken dein Geld für die Kreditvergabe nicht zwingend brauchen, es aber trotzdem unbedingt wollen und wieso dir das Einfluss auf das Investitionsverhalten der Banken geben kann.

Von der lokalen Raiffeisenbank zu IT-Unternehmen

Im Jahr 1995 überfiel McArthur Wheeler zwei Banken in Pittsburgh im amerikanischen Staat Pennsylvania. Er verzichtete auf eine Maskierung, denn er hatte sich zuvor ein «Wundermittel» aufgetragen, das ihn unsichtbar machen sollte. Auf dem Weg aus der Bank lächelte er deshalb guter Dinge in die Überwachungskameras. Doch kurz darauf erschien sein Bild in den 11-Uhr-Nachrichten. Kaum eine Stunde später war der sichtlich verblüffte Wheeler gestellt.

Auf der Polizeiwache zeigten ihm die Polizisten die Aufnahme der Überwachungskameras, worauf er irritiert entgegnete: «Aber ich habe doch den Saft aufgetragen.» Wheeler hatte sich zuvor Zitronensaft auf sein Gesicht geschmiert. Er hatte sich dabei von dem Prinzip der

Zaubertinte inspirieren lassen, bei dem man Briefe mit Zitronensaft schreibt, die dann von dem Empfänger mithilfe eines Bügeleisens erhitzt werden: Et voilà – auf dem Papier zeigt sich die geheime Botschaft.

Wheeler war außer sich, als er erfuhr, dass der Trick nicht wirkte, hatte er sich den Zitronensaft doch sogar in die Augen geschmiert und zu Hause Selbstporträts mit einer Polaroid-Kamera gemacht, auf denen er angeblich nicht zu sehen gewesen war. Vermutlich hatte er mit dem Zitronensaft in den Augen nur die Wand hinter sich abgelichtet. Das Experiment ging in die Hose. Für ganze 24 Jahre wanderte Wheeler ins Gefängnis.

Eine absurde Geschichte wie aus einer anderen Zeit, nicht wahr? Denn moderne Bankräuber müssen längst nicht mehr in Banken einbrechen, einen Safe knacken oder im Dalton-Style einen Tunnel graben, um Geldhäuser auszunehmen. Sie greifen auf ausgefuchstere Mittel als Zitronensaft zurück, um unerkannt zu bleiben. Schon heute sind mehr als 90 Prozent der globalen Geldbestände digital, Tendenz steigend. Viele Regierungen versuchen die «harten» Währungen ganz zu verbannen, denn Schwarzgeld und Bestechung lassen sich immer noch besser über den klassischen schwarzen Geldkoffer abwickeln als über eine schnelle PayPal-Überweisung.

Wir leben in einer zunehmend digitalen Welt, in der Banken eher IT-Unternehmen gleichen als traditionellen Geldspeichern, wie bei Dagobert Duck. Das macht sie angreifbar, ja, aber gleichzeitig können dadurch in Sekundenschnelle große Geldmengen über den Globus verschoben werden, und deine eine Bank ist vermutlich mittendrin. Selbst wenn es wie bei mir früher die Raiffeisenbank in meinem kleinen bayrischen Dorf ist, zu der ich brav jahrelang mein Sparschwein am Weltspartag getragen habe. Selbst diese lokalste der lokalen Banken mischt international mit. Geld kennt keine Grenzen, nicht mal in Bayern.

Bevor wir uns ansehen, wie dein Geld zum «Blutkreislauf des Geldes» beiträgt, lohnt sich ein kurzer Blick auf die Genese der Banken.

Die Genese der Banken

Banken gibt es mindestens so lange, wie es Münzen und Scheine gibt. Beim Gang durch wohl jedes zweite Museum kann man alte Münzen von der Zeit vor Christus mit den Gesichtern der Herrscher lang untergegangener Reiche bestaunen.

Währungen entstanden primär, weil die Tauschwirtschaft ein unheimlich ineffizientes System war: Was, wenn ich gerade nicht ein Ei zur Hand hatte, um es gegen Milch einzutauschen, sondern nur ein Schaffell, der andere aber kein Schaffell brauchte, sondern nur Lebensmittel, um den knurrenden Magen seiner Kinder zu füllen? Dann kam kein Handel zustande, obwohl vielleicht beide Güter von gleichem Wert waren und ein Tausch möglich gewesen wäre.

Zudem erleichterten es Währungen, Steuern einzutreiben, auf welche die Herrschenden angewiesen waren, um Kriege zu führen und ihre Hoheitsgebiete auszudehnen. Auch für den Handel mit anderen Ländern erwiesen sich Münzen und Scheine als praktisch. Sie ließen sich einfacher tauschen und aufbewahren als beispielsweise eine Kuh oder ein Schaf. Es galt, diese Münzen sicher zu verwahren, um es gewieften Dieben so schwer wie möglich zu machen, es sich anzueignen.

Im alten Rom bewahrten die Reichen ihr Geld mitunter in den Kellern der Tempel auf, denn Priester interessierten sich in den Augen der damaligen Bevölkerung weniger für irdische Genüsse und galten als vertrauenswürdig. Zusätzliches Wachpersonal sicherte das Vermögen der Reichen ab.

In Rom, Griechenland, Ägypten und Babylonien fungierten die Tempel aber nicht nur als Geldspeicher, sondern verliehen auch aktiv Geld gegen eine bestimmte Summe – sogenannte Zinsen. Somit waren sie neben spirituellen auch die finanziellen Zentren der Städte und wurden in Kriegen oft geplündert.

Im Laufe der Zeit entstanden aus den improvisierten Tempelbanken unabhängige Institutionen. Diese gewannen zusehends an Macht. Julius Caesar erlaubte es Banken beispielsweise, Land zu konfiszieren, wenn deren Kunden das geliehene Geld nicht zurückzahlen konnten. Ein Novum! Reiche Landbesitzer waren zuvor unantastbar. Und auch nachdem das Römische Reich untergegangen war, ließen sich europäische Monarchen von der Idee inspirieren, sich Geld zu leihen.

Da Banken aber stark von dem Gutdünken der Herrschenden abhängig waren, konnten sie diesen kaum Kredite ausschlagen. Der erleichterte Zugang für die Machthabenden führte oftmals in eine finanzielle Sackgasse: Die Monarchen häuften ungebremst Schulden an, etwa um ihren extravaganten Hofstaat und Kriege zu finanzieren. Ende des 16. Jahrhunderts gelang Philipp II. von Spanien etwas, das noch keinem Herrscher vor ihm gelungen war: die erste nationale Bankrotterklärung. Gegen Ende seiner Herrschaft wurde die Hälfte der Staatseinnahmen für die Begleichung von Zinszahlungen aufgewandt, die er auf Kriegskredite zahlen musste.

Mit der von dem schottischen Philosophen und Ökonomen Adam Smith aufgestellten Theorie der «unsichtbaren Hand» begann im 18. Jahrhundert eine neue Ära des wirtschaftlichen Denkens. Smith sah die Wirtschaft als ein sich selbst regulierendes System, was viele Banker als Motivation sahen, den Einfluss des Staates zurückzudrängen. Das Bankensystem war zu dieser Zeit ein Flickenteppich, der sich ständig veränderte. Die durchschnittliche amerikanische Bank überlebte nur etwa fünf Jahre, eine nationale Währung existierte noch nicht.

Wenn ein Geldhaus bankrottging, wurden die von ihm ausgegebenen Scheine wertlos, denn Banken konnten nur so viele Scheine ausgeben, wie sie auch Gold und Silber in ihren Tresoren liegen hatten. Da es keine nationalen Einlagesicherungen gab – eine Art Versicherung für das eigene Geld, das im Fall eines Bankrotts zurückgezahlt wird –, bedeutete ein Bankraub in der Regel, dass die Bank pleiteging und die Kund:innen ihr Geld verloren. Durch die kurze Lebensdauer vieler Banken standen die Menschen Geldinstituten misstrauisch gegenüber, zumal diese zu jener Zeit noch nicht dazu verpflichtet waren, offenzulegen, wie es um ihre Finanzen stand.

Da kein objektiver Standard existierte, die finanzielle Stabilität einer Bank unabhängig zu bewerten, waren die Geschichte und der gute Ruf der Bank buchstäblich Gold wert. Dies führte zu einer Dominanz von Banken wie Goldman Sachs und J.P. Morgan, die beide im 19. Jahrhundert gegründet wurden und auch heute noch existieren. Ihre Marktmacht versetzte sie in die Lage, Preise für Kredite nach oben zu schrauben.

Durch die Gründung von Zentralbanken wie der Federal Reserve Bank (Fed) in den USA oder der Reichsbank im Deutschen Reich wurde der Einfluss einzelner Bankhäuser zurückgedrängt, auch wenn heute Goldman Sachs und andere bekannte Banken immer noch einen großen Einfluss auf den Finanzsektor ausüben.

Es war also ein langer Weg in die Stabilität von heute. Diese Stabilität ist, wie wir aus der globalen Finanzkrise von 2007–2008 gelernt haben, nicht in Stein gemeißelt. Damals brachte eine Immobilienblase in den USA die Weltwirtschaft an den Rand des Abgrunds. Nur durch das beherzte Eingreifen vieler Regierungen konnte ein Zusammenbruch des Finanzsystems abgewendet werden.

Aber insgesamt ist das Bankensystem im Vergleich zu vergangenen Jahrhunderten deutlich krisensicherer geworden. Die neugewonnene Stabilität lässt sich auch darauf zurückführen, dass das Bankensystem heute deutlich besser reguliert ist als noch vor hundert Jahren.

In all den Jahrhunderten, in denen das Bankwesen nur komplexer geworden ist, hat sich eines jedoch nicht verändert: Auch heute tun Banken, was schon die Tempelbanken von damals getan haben: Sie verwahren das Geld der Sparer:innen an einem sicheren Ort, im Tresor oder eben zunehmend in Bits auf dem Computer. Sie verleihen auch weiterhin Kredite an Menschen, die sich etwas kaufen wollen, was sie sich nicht auf einen Schlag leisten

können – beispielsweise ein Haus. Und für dieses Verleihen von Geld lässt sie sich bezahlen: Zinsen werden
fällig. Die Kunden stottern den Kredit und jene Zinsen
ab, wodurch das Geldhaus Geld verdient. Ob die Bank bei
der Vergabe von Krediten wirklich noch auf dein Geld angewiesen ist, das erfährst du im nächsten Abschnitt.

Der Blutkreislauf des Geldes

Natürlich gibt es viele Unterschiede zwischen den Tempelbanken und den heutigen Banken. Als ich Makroöko-
nomie in der Universität belegte, zeigte man mir ein Dia-
gramm, das den Kreislauf des Geldes abbildete. Es sah
ungefähr wie in der Abbildung unten aus.

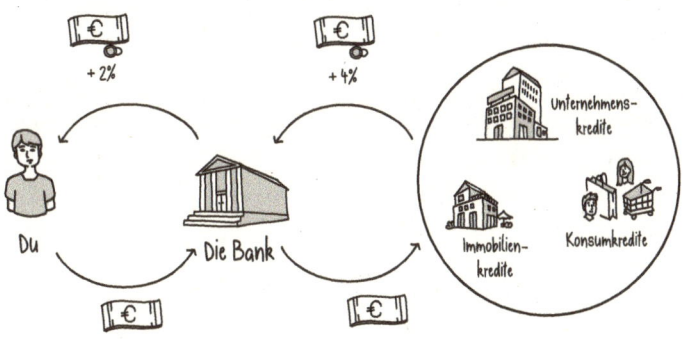

Der Kreislauf des Geldes

Der Gedanke hinter dem Kreislauf des Geldes ist folgender: Banken wissen, dass die meisten Kund:innen kaum je ihr gesamtes Geld abheben werden, das sie auf einem Konto geparkt haben. Es verbleibt also nicht das ganze Geld auf dem Konto, da es dort in der Tat nur «herumliegen» würde. Die Banken können sich also fragen: Was stellen wir mit dem Geld an, das der Kunde oder die Kundin in der nächsten Zeit sowieso nicht zurückhaben möchte?

Da es dein Geld ist, kann die Bank es nur verleihen, aber nicht endgültig veräußern oder verschenken. Wie bei den Tempelbanken oder später J. P. Morgan verleiht die Bank das Geld deshalb gegen eine jährliche Gebühr an ein Unternehmen, zum Beispiel 4 Prozent des ausstehenden Kreditbetrags. Für dich fällt davon auch etwas ab, das sind die Zinsen, die du am Ende des Jahres auf dein Sparguthaben erhältst. Von den 4 Prozent gibt dir die Bank beispielsweise 2 Prozent ab und kassiert selbst ebenfalls 2 Prozent. Die Bank ist in diesem Beispiel die Vermittlerin zwischen dir und einer Firma.

Aktuell schwimmen Banken im Geld und haben nicht genug Möglichkeiten, dieses Geld zu verleihen. Wenn das so ist, können sie es bei der Europäischen Zentralbank parken, müssen dafür aber eine Strafgebühr zahlen, die an die Kund:innen weitergereicht wird. Deshalb fallen bei manchen Banken sogar Negativzinsen an, also eine Gebühr, die fällig wird, wenn man Geld auf dem Konto parkt. Negativzinsen sind geschichtlich gesehen aber eher die Ausnahme als die Regel.

Aber Moment mal, nach diesem simplen Beispiel könnte eine Bank nur so viel verleihen, wie ihre Kund:innen

Geld auf den Sparkonten verwahren würden, abzüglich einer Mindestreserve, die sie bei der Zentralbank hinterlegen müsste. Um also mehr Geld verleihen zu können, müsste die Bank mehr Menschen überzeugen, bei ihr ein Girokonto zu eröffnen. Im Umkehrschluss hieße das, wenn eine Bank viele Kund:innen verliert, könnte sie weniger Kredite vergeben. Damit hätten Kund:innen einen direkten Einfluss auf die Kreditvergabe der Banken. Könnte man einer Bank also sprichwörtlich den Geldhahn zudrehen?

Das Problem dieser Darstellung ist, dass sie nicht mehr stimmt, du sie aber trotzdem in vielen Lehrbüchern über Geldpolitik findest. In Wahrheit sind die Banken schon lange nicht mehr so stark von dem Geld abhängig, das du ihnen als Sparer:in gibst.

Trotzdem ist es sinnvoll, das Prinzip der Abbildung zu verstehen. Denn sie verdeutlicht, dass moderne Banken eben keine Geldspeicher mehr sind und wir somit über andere Hebel nachdenken müssen, über die wir als Sparer:innen die Banken beeinflussen können.

In der Geschichte des Finanzwesens konnten Banken lange Zeit nicht mehr verleihen, als sie an Erspartem in ihren Tresoren vorhielten. In unserer modernen Welt schaffen Banken Geld aber vielmehr frei nach Pippi Langstrumpf: «Ich mach mir das Geld, widdewidde wie es mir gefällt».

Wie das funktioniert? Nun, Banken können Geld inzwischen aus dem Nichts erschaffen. Ja, das ist ziemlich abgefahren, aber es stimmt. Viele Menschen denken, dass Banken ihr Geld entweder von uns Sparer:innen bekommen oder von der Zentralbank. Das meiste Geld wird aber durch die Banken selbst geschaffen, und zwar satte 80 Prozent, während die Zentralbank die alleinige Hoheit über das Bargeld hat, das im Umlauf ist.

Wie machen sie das? Einfach gesagt: durch Luftbuchungen, oder im Fachjargon: durch Giralgeld. Möchtest du einen Kredit, sagen wir für ein neues Auto, dann tauchen plötzlich 10 000 Euro auf deinem Konto auf. Doch woher kommt das Geld? Jedenfalls nicht von dem Konto einer Sparerin, die gerade nicht an ihr Geld will, nein, die Bank schreibt es dir einfach gut. Sie muss lediglich 1 Prozent dieses Betrags als Einlage bei der Zentralbank hinterlegen – bei einem Kredit von 10 000 Euro sind das 100 Euro. Für diesen Pfand kann die Bank aber nicht einfach ihr selbst geschaffenes Giralgeld verwenden, sondern braucht Zentralbankgeld. Zum Zentralbankgeld gehört unser Bargeld sowie das Guthaben, das die Geschäftsbanken auf ihrem Zentralbankkonto haben. Wie entsteht Zentralbankgeld? Indem die Zentralbank Geschäftsbanken Kredite gewährt, wofür die Banken Sicherheiten wie Wertpapiere hinterlegen müssen und den Leitzins zahlen.

Es läuft also nahezu gegenteilig, wie in manchen Fachbüchern kolportiert: Nicht deine Einlage führt dazu, dass die Bank Kredite vergeben kann. Sondern dadurch, dass die Bank Kredite an dich vergibt, entsteht eine Einlage auf deinem Konto – wie etwa die 10 000 Euro aus unserem Beispiel.

Jetzt fragst du dich vielleicht: Sind Banken bei dieser Form von Geldschöpfung eigentlich Grenzen gesetzt?

Ja. Zum einen durch die Geldpolitik der Zentralbank: Die versucht nämlich indirekt die Geldmenge zu steuern,

Wie es wirklich ist:

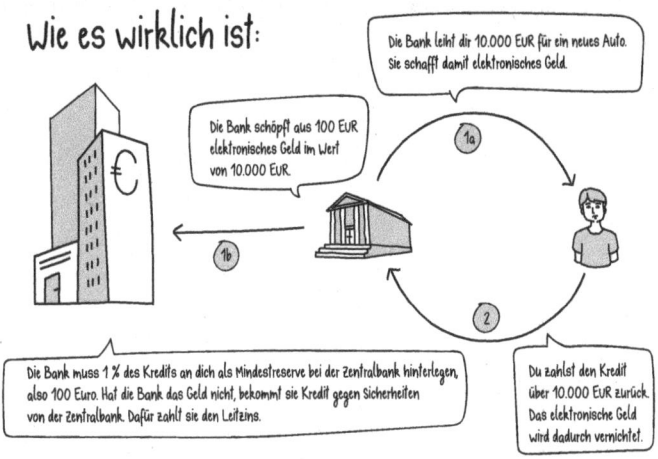

> Die Bank schöpft aus 100 EUR elektronisches Geld im Wert von 10.000 EUR.

> Die Bank leiht dir 10.000 EUR für ein neues Auto. Sie schafft damit elektronisches Geld.

> Die Bank muss 1 % des Kredits an dich als Mindestreserve bei der Zentralbank hinterlegen, also 100 Euro. Hat die Bank das Geld nicht, bekommt sie Kredit gegen Sicherheiten von der Zentralbank. Dafür zahlt sie den Leitzins.

> Du zahlst den Kredit über 10.000 EUR zurück. Das elektronische Geld wird dadurch vernichtet.

Der eigentliche Kreislauf des Geldes

die im Umlauf ist. Dazu hat sie verschiedene Instrumentarien, allen voran den Leitzins. Wie du in der Abbildung oben siehst, müssen Banken ein Pfand bei der Zentralbank hinterlegen, um Geld an dich zu verleihen. Hat die Bank dieses Pfand nicht, kann sie sich von der Zentralbank dieses Pfand – 1 Prozent des Kreditbetrags – leihen und zahlt dafür den Leitzins. Wenn die Zentralbank den Leitzins anhebt, ist es teurer für Geschäftsbanken, sich Zentralbankgeld zu leihen. Um diese gestiegenen Kosten zu decken, verlangt die Bank höhere Zinsen, wenn sich ein Unternehmen oder Haushalt Geld leihen möchte. Also: Höhere Kosten = weniger Nachfrage. Die Folge: Es werden weniger Kredite nachgefragt. Nicht die Spareinlagen der Kund:innen deckeln somit die Kreditvergabe, sondern die Verfügbarkeit von Zentralbankgeld.

Zum anderen hängt die Kreditvergabe von Banken maßgeblich davon ab, ob es für Banken genug profitable Möglichkeiten gibt, Geld zu verleihen. Denn obwohl die Bank neues Geld erschaffen kann, muss sie dennoch – wie bei allen Unternehmen – langfristig mindestens genauso viele Gewinne wie Verluste einfahren.

Banken brauchen dein Geld nicht, um Geld zu verleihen, wollen es aber trotzdem unbedingt haben

Wenn die Banken also die wahren Schöpferinnen des Geldes sind, macht es dann wirklich einen Unterschied für die Nachhaltigkeit unserer Welt, welchem Institut ich mein Geld überlasse? Die Antwort darauf lautet: Ja, unbedingt!

Durch unsere Konsumentscheidung senden wir ein wichtiges Signal an Banken. Eine Freundin meinte einmal zu mir, dass wir mit jeder Konsumentscheidung eine Wahl treffen. Nicht nur, wenn wir alle vier Jahre in die Wahlkabine gehen, um bei einer der Parteien unser Kreuzchen zu setzen. Wie an einer kleinen Urne geben wir immer und immer wieder unsere Stimme für etwas oder gegen etwas ab. So verhält es sich auch mit unseren Alltagsentscheidungen, etwa während des wöchentlichen Einkaufs im Supermarkt oder bei der Wahl der Bank.

Zeigen wir Banken, dass uns Klimathemen wichtig sind, indem wir zu Banken wechseln, die das Thema ernst nehmen, dann geben wir unsere Stimme dafür ab, dass

Banken nachhaltiger werden. Selbst wenn sie unser Geld nicht notwendigerweise brauchen, wollen sie nicht erklären müssen, warum ihnen scharenweise die Kund:innen weglaufen. Deshalb: Geld liegt nicht nur auf dem Konto. Wo dein Geld liegt, signalisiert, ob du mit der Umweltstrategie der Bank einverstanden bist.

Es gibt noch einen zweiten Teil der Antwort: Ein Girokonto ist eine Art Einstieg in die Produktwelt einer Bank. Diese braucht dein Geld nicht zwingend, um Geld zu verleihen, so viel ist bis hierher klar geworden. Sie will dein Geld aber dennoch unbedingt, um dir andere Dienstleistungen zu verkaufen, wie Kredite und Vermögensverwaltung.

Denn Banken verdienen in der Regel auf dreierlei Weise Geld: Erstens über die Abwicklung von Zahlungsgeschäften. Bezahlst du mit deiner Kreditkarte bei einem Einzelhändler, bekommt deine Bank in der Regel einen kleinen Prozentsatz des Einkaufsbetrags. Zweitens verleihen Banken Geld und verdienen an den Zinsen, die du monatlich abstotterst. Zuletzt verdienen viele Banken auch als Vermögensverwalter. Hast du dich schon einmal gefragt, warum Banken Studierendenkonten anbieten? Weil sie hoffen, dass du langfristig bei der Bank bleibst, bis du ein bisschen mehr Geld hast. Bei der Anlage deines angesparten Geldes helfen sie dir dann gerne – natürlich gegen eine Gebühr.

Also: Banken brauchen dein Geld nicht, um Geld zu verleihen. Aber sie wollen dich als Kunde oder Kundin, um Geld durch Zahlungsverkehr, Kredite und Vermögensverwaltung zu verdienen.

Die Gefahr, Kund:innen zu verlieren, beispielsweise

aufgrund von Nachhaltigkeitsüberlegungen, ist deshalb ein wichtiger Hebel, um Banken zu einer nachhaltigeren Kredit- und Anlagestrategie zu bewegen.

Für Eilige

Banken gleichen immer mehr IT-Unternehmen und investieren Geld global. Geld wird größtenteils von Geschäftsbanken wie der Deutschen Bank und nicht von der Zentralbank geschaffen. Da Banken dein Geld nicht zwingend brauchen, um Kredite zu vergeben, wird dein Geld vermutlich nicht zur Finanzierung von Kohlekraftwerken verwendet, selbst bei weniger nachhaltigen Banken. Dennoch wollen Banken dein Geld, denn Girokonten sind eine Art erster Einstieg in die Produktwelt der Banken, wie etwa Kredite und Vermögensverwaltung. Dein Geld liegt also nicht nur auf dem Konto. Durch die Entscheidung, wem du dein Geld anvertraust, signalisierst du der Bank, ob du mit ihrer Klimastrategie einverstanden bist. Je mehr Menschen die Wahl ihrer Bank von Nachhaltigkeitsfaktoren abhängig machen, desto größer wird der Druck auf konventionelle Banken, ihre Investitionsstrategie zu ändern. Diese Entscheidung ist der Hebel, mit dem du Einfluss nehmen kannst.

Geldmythos 2: Nachhaltig heißt unrentabel

Geld ist weder nachhaltig noch das Gegenteil. Geld ist lediglich ein Möglichmacher. Wenn du verstehen willst, welchen Einfluss dein Geld auf die Welt hat, musst du verstehen, auf welche Weise dein Geld Firmen beeinflusst.

Im letzten Kapitel haben wir uns angesehen, wie Banken Geld erschaffen und verleihen. Betrachtet man die Wirtschaft als menschlichen Körper, verkörpern die Banken darin das Herz, und das Geld ist das Blut. Das Herz pumpt das Blut durch den Körper, damit alle Organe – in unserem Beispiel die Firmen – mit ausreichend Sauerstoff versorgt werden. Banken versorgen also Firmen mit Geld, damit diese für sie notwendige Investitionen tätigen können.

Wenn Banken Kredite an Firmen vergeben, dann spricht man davon, dass Firmen Fremdkapital aufnehmen. Das bedeutet nichts anderes, als dass sie Geld von «Fremden» – wie einer Bank – bekommen und über einen gewissen Zeitraum zurückzahlen müssen. Wie wir gesehen haben, mischt dein Geld dabei vermutlich nicht direkt mit – höchstens liegt es als Pfand bei einer Zentralbank, damit eine Bank aus ein bisschen Geld viel Geld machen kann.

Es gibt aber noch einen weiteren Kanal, durch den dein Geld an Firmen fließen kann. Und zwar indem du Eigenkapital von Firmen kaufst. Firmen können Anteile an der eigenen Firma zum Kauf anbieten. Wenn Unternehmen an die «Börse gehen», dann verkaufen sie Teile des Unternehmens. Kleinere Unternehmen, wie Start-ups, veräußern Teile ihres Unternehmens auch schon lange vor einem möglichen Börsengang an Investor:innen, um weiteres Wachstum zu generieren. Anders als bei Fremdkapital muss Eigenkapital nicht zurückgezahlt werden. Es ist einfach ein Teil der Firma, der dir gehört, wenn du ihn erworben hast.

Während es also bisher um Fremdkapital ging, geht es im Folgenden um Mythen, die sich um das Investieren in das Eigenkapital von Firmen drehen – Aktien oder Direktinvestitionen in grüne Start-ups. Doch genug der Vorrede.

Stell dir nun Folgendes vor: Du gehst in deine lokale Bank, um Aktien oder einen Aktienfonds zu kaufen, und fragst dort: «Haben Sie auch etwas im nachhaltigen Bereich?» Vermutlich wird die Anlageberaterin dir gegenüber unruhig auf ihrem Stuhl hin und her rutschen und antworten: «Haben wir. Aber ehrlich gesagt: Die kann ich Ihnen nicht empfehlen. Die fahren lange nicht so gut wie unsere anderen Anlageprodukte.»

Dieser ist wohl einer der hartnäckigsten Mythen: Nachhaltig heißt unrentabel. Denn was gut gemeint ist, kann sich wirtschaftlich nicht rechnen, oder? Dieser Mythos war nicht nur lange das Credo vieler Anlageberater:innen, sondern er war auch weit verbreitet in der Finanzbranche. Wie stark sich das Denken verändert hat, illustriert eine Geschichte aus der jüngeren Vergangenheit.

Der Investor Chris James fasste bei einem Essen mit

seiner Familie den Entschluss, sich mit dem Ölriesen Exxon Mobil anzulegen. Sein Sohn im Schulalter fragte ihn laut des Wall Street Journal wie ihm die Umwelt wichtig sein könne, wenn er doch gleichzeitig in fossile Energiefirmen investiere. Bei seiner Antwort kam James ins Straucheln, und sein Sohn blieb skeptisch. «Er hatte diesen Gesichtsausdruck, bei dem sich seine Stirn in Falten legte. Er nahm es mir nicht ab», sagte James in dem Interview.

Zwei Jahre später gelang James mit seinen Mitstreiter:innen die Sensation. Sie hatten zuvor den Investmentfonds Engine No. 1 gegründet, unter anderem mit dem Ziel, den amerikanischen Ölgiganten Exxon Mobil zu einer klimafreundlicheren Strategie zu bewegen. Engine No. 1 verfolgte hierzu eine sogenannte Active-Engagement-Strategie, bei der Investor:innen Anteile – also Aktien – von Unternehmen kaufen. Anteilseigner dürfen bei der jährlich stattfindenden Hauptversammlung über wichtige Unternehmensentscheidungen abstimmen und können zudem hinter den Kulissen auf die Firmenführung einwirken.

Viele hielten es für unmöglich, Exxon zu einer klimafreundlicheren Strategie zu bewegen. Der amerikanische Konzern hatte schon ganz andere Widersacher aus dem Weg geräumt. Hinzu kam, dass Engine No. 1 lediglich 0,02 Prozent der Exxon-Aktien gehörten, sie mussten also eine Reihe großer Anteilseigner:innen überzeugen, ihre Resolution zu unterstützen, für mehrere Vorstandsmitglieder zu stimmen, die sich für eine klimafreundlichere Strategie des Unternehmens einsetzen würden. Exxon behauptete daraufhin, diese klimafreundlicheren Kandidat:innen seien nicht qualifiziert und schickte eigene Bewerber:innen ins Rennen. Nach einer aufreibenden Kampagne kam es zur Abstimmung bei der Hauptversammlung: Und Engine No. 1 zwang Exxon in die Knie, David siegte über Goliath.

Die Zeitungen jubelten über den grünen Hedgefonds. Aber der Engine-No.-1-Gründer machte deutlich, dass es ihm nicht primär um die Umwelt ging, sondern um Geld. Der britischen Zeitung The Guardian sagte James: «Wir sind davon überzeugt, dass das Klimarisiko ein Geschäftsrisiko ist.» Was er damit meint? Das sich aufheizende Klima, mit Stürmen, Fluten und Dürren sowie politischen Veränderungen, wächst sich zu einem ernsten Risiko für die Profitabilität von Firmen aus. Der Erfolg von Engine No. 1 bei der Reform einer der Urgesteine in der Ölbranche signalisiert ein Umdenken: Der Umbau der Wirtschaft ist nicht nur sinnvoll für den Erhalt menschlichen Lebens auf diesem Planeten, sondern er ist es auch für die Unternehmen selbst.

Bei Exxon zeigt der Wechsel an der Spitze bereits Wirkung: Das Ziel, die Ölförderung bis 2025 um 25 Prozent zu erhöhen, wurde gestrichen. Exxon eine neue Strategie zu verpassen, ist selbstredend ein langer Weg. Trotzdem ist es ein kleiner, aber wichtiger Schritt vorwärts.

Natürlich hat Engine No. 1 das nicht alleine geschafft: Der Hedgefonds überzeugte die größten Aktionäre von Exxon, wie etwa die Vermögensverwalter BlackRock, Vanguard und State Street (die Großen Drei genannt), die wiederum das Geld von Millionen Menschen einsammeln und investieren.

Exxons Fall zeigt aber, dass sich inzwischen viele Investor:innen große Sorgen machen, dass sehr braune – oder auch CO_2-intensive – Unternehmen bei dem aktuellen Umbau der Wirtschaft hin zu einer klimaneutralen zugrunde gehen könnten. Oder zumindest einen substanziellen Teil des künftigen Marktes nachhaltiger Energie verlieren. Es geht den Investor:innen wie James also nicht nur um die Umwelt, sondern knallhart um die Rendite.

Gleichzeitig eröffnen sich durch den Umbau der Wirtschaft für Unternehmen, die Vorreiter sind, große Chancen. Mittlerweile sind Meldungen über solche Erfolgsgeschichten omnipräsent: Der Elektroautobauer Tesla war im Jahr 2020 mehr wert als VW, Daimler und BMW zusammen. Hersteller für Elektrolyseure, die sauberen Wasserstoff für die Industrie produzieren, sammeln Milliarden an Investitionen ein. Supermarktregale füllen sich mit veganen Burger-Patties von Beyond Meat bis hin zu Impossible Burger.

Wie sich in der Abbildung auf Seite 42 zeigt, eröffnen sich durch den Klimawandel für manche Firmen gewaltige Geschäftsmöglichkeiten, während er für andere ein großes Geschäftsrisiko ist.

Folgendes sollte inzwischen auch bei den meisten mittelständischen Anlageberater:innen angekommen sein: Die Wirtschaft befindet sich in einem massiven Umbau. Alleine bis 2030 will die Europäische Union den CO_2-Ausstoß gegenüber 1990 mehr als halbieren, ab 2035 sollen keine neuen Kraftfahrzeuge mit Verbrennungsmotoren mehr verkauft werden dürfen. Deutschland hat einen CO_2-Preis auf Autofahren und Heizen eingeführt und möchte bis 2045 klimaneutral sein, Europa bis spätestens 2050. Das alles war bis vor ein paar Jahren noch undenkbar.

Der Klimawandel als ...

Geschäftsmöglichkeit
- Neue Produkte und Dienstleistungen (grüne Mobilität, nachhaltige Kleidung, veganes Essen)
- Neue geografische Märkte (die ganze Welt muss klimaneutral werden)

Geschäftsrisiko
- Regulatorische/politische Risiken (Gesetzesänderungen, Gerichtsurteile)
- Physische Risiken (Stürme, Starkregen, Dürre)

Der Klimawandel als Geschäftsmöglichkeit
und als Geschäftsrisiko

Nicht nur Europa, die ganze Welt befindet sich im Umbruch, weil die sichtbaren Folgen des Klimawandels endlich nicht länger ignoriert werden. Der größte Solarexporteur der Erde ist heute China. Bis spätestens 2060 will das Land klimaneutral sein. In den USA nimmt Präsident Biden Anfang des Jahres 2021 gewaltige Geldsummen in die Hand, um den Umbau der Wirtschaft zu beschleunigen. Der Koalitionsvertrag der Regierung Scholz sieht auch in Deutschland einen massiven Ausbau der erneuerbaren Energien vor. Um das auch symbolisch zu untermauern, benannte die Regierung das deutsche Ministerium für Wirtschaft und Energie kurzerhand in das Ministerium für Wirtschaft und Klimaschutz um.

Um diese ambitionierten Klimaziele zu erreichen, wird es nicht nur ein paar «grüne» Firmen geben müssen, die gesamte Volkswirtschaft muss neu ausgerichtet werden – von Zement-, Stahl- und Chemieherstellern bis zur Schiff- und Luftfahrt. Diese grüne Transformation wird alle Lebensbereiche erfassen, von der Art und Weise, wie wir wohnen, über das, was wir essen, bis hin zu der Frage, wie wir uns fortbewegen.

Auch wenn diese Anstrengungen noch nicht ausreichen werden, um das 2-Grad-Ziel des Pariser Klimaabkommens einzuhalten, ist die Geschwindigkeit, mit der diese Veränderungen in den letzten Jahren vorangeschritten sind, doch rasant.

Also: Die Frage, ob sich grüne Anlagen lohnen, ist die falsche Frage. Die Frage sollte vielmehr lauten: Welche Firmen haben besonders gute Chancen, von der grünen Transformation unserer Volkswirtschaften zu profitieren, und bei welchen Firmen bestehen besonders hohe Risiken, dass sie während dieses rasanten Umbaus auf der Strecke bleiben und Schaden nehmen.

In diesem Kapitel erfährst du,
- wieso der Klimawandel ein ernsthaftes Geschäftsrisiko ist,
- warum der Klimawandel aber auch massive Geschäftsmöglichkeiten bietet
- und wieso die Grundregeln des Investierens weiterhin gelten, egal ob du in grüne oder braune Firmen investierst.

Der Klimawandel als Geschäftsrisiko

Der Fall Exxon Mobil und anderer Öl-Multis illustriert zwei besondere Risiken, denen Firmen im Wandel der Volkswirtschaften ausgesetzt sind: physische und politische.

Physische Risiken beinhalten die direkten Auswirkungen eines sich verändernden Klimas auf das Geschäft der Firma, wie Stürme, Starkregen und Dürren. Politische Risiken hingegen sind weiter gefasst: Diese Risiken beinhalten politische Entscheidungen zur Veränderung, die Regierungen beschließen, um den Klimawandel zu bremsen.

Wenn der Gründer von Engine No. 1, Chris James, Klimarisiken ein Geschäftsrisiko nennt, spielt er damit auf die Auswirkungen der Klimakrise an, die besonders für viele Ölfirmen sehr konkrete Geschäftsrisiken bergen.

Ironischerweise werden vermutlich bald Erdöl-Pipelines in Alaska in den Boden einsinken, weil der Permafrost auftaut. Kürzlich erbat der Betreiber der Trans-Alaska-Pipeline die Erlaubnis, ein Kühlsystem zu bauen, um den Permafrost unter der Pipeline gefroren zu halten. Man könnte darüber lachen, wäre es nicht so traurig.

Die Kältewelle, die Texas 2021 erfasste, legte Erdölraffinerien entlang der Golfküste lahm und führte zu einem substanziellen Produktionsrückgang. Hinzu kommt, dass Dürren die Wasserverfügbarkeit reduzieren, welche für Fracking und Raffinieren gebraucht wird – und zwar nicht zu knapp.

Zu diesen physischen Risiken gesellen sich politische

Risiken: Effektive Klimapolitik muss bei den größten Emittenten ansetzen – und Exxon ist einer von ihnen.

Auch der holländisch-britische Ölproduzent Shell musste miterleben, dass Klimarisiken zu Geschäftsrisiken werden. Im Fall um Shell war es kein physisches Risiko, sondern ein juristisches: Während an den Shell-Tankstellen noch bunte Plakate aufgehängt wurden, die klimaneutrales Autofahren durch Regenwaldaufforstung anpriesen, ging es in Den Haag zur Sache.

Als die Richterin Larisa Alwin den Gerichtssaal betrat, hatte sie ein Urteil im Gepäck, das viele Ölunternehmen sehr nervös machen sollte. Eine Reihe von NGOs hatte geklagt, Shell tue nicht genug, um die Klimaziele einzuhalten. Die Richterin sah das ähnlich: Shells Emissionen müssen runter, und zwar bald: Bis 2030 müssen Shells Emissionen im Vergleich zu 2019 um 45 Prozent sinken. Shells Klimastrategie sei «nicht konkret genug» und stecke «voller Vorbehalte». Das Unternehmen habe die Verpflichtung, die internationalen Klimaziele einzuhalten.

Im Jahr 2021 urteilte auch das deutsche Bundesverfassungsgericht in einer spektakulären Entscheidung, dass Deutschland mehr tun müsse, um die Klimavereinbarungen einzuhalten. Plötzlich war die Hektik groß, und die Politik überbot sich mit ambitionierten Klimazielen.

Für Unternehmen bedeutet das: Klimaziele sind keine Vorschläge oder weichen Richtlinien. Für manche, wie Exxon, sind sie ein massives Risiko, für andere, wie wir im nächsten Beispiel sehen werden, eine große Chance. Politische Umbrüche schaffen neue Geschäftsfelder, und diejenigen, die bereit sind, haben gute Aussichten, davon massiv zu profitieren, ebenso wie die Anleger, die diese Chance erkennen.

Der Klimawandel als Geschäftsmöglichkeit

Als ich Fridtjof Detzner bei Zoom erreiche, sitzt er mit Mütze und Wollpulli vor einem Hintergrund, auf dem groß das Logo der Wagniskapitalfirma Planet A prangt, die er mitgegründet hat. Unter seiner Mütze quellen strohblonde Haare hervor, er lächelt breit. Ich frage, ob die Wand hinter ihm real oder virtuell ist, woraufhin er ein paar Tasten auf seinem Computer drückt. Plötzlich wird deutlich, dass er in seinem Camper-Van sitzt. «Ich bin gerade surfen in Dänemark», sagt er lachend.

Fridtjof steht sinnbildlich für den Wandel in der Wirtschaft: Im Alter von 16 Jahren gründete er ein Software-Unternehmen, führte es fast zwei Jahrzehnte, reiste auf der Suche nach neuen Ideen durch Indien und gründete dann den grünen Wagniskapitalgeber Planet A. Dieser investiert in Start-ups mit Produktideen, «die der Planet wirklich braucht». Woche für Woche wenden sich Hunderte Firmen mit ihren Ideen an uns, sagt Fridtjof, das Interesse wachse stetig.

Wie identifiziert Fridtjof Firmen, die die Welt wirklich braucht? Sein Ziel sei es, die wissenschaftliche Bemessung von Impact als normalen Teil von Investitionsprozessen zu sehen.

Alle potenziellen Unternehmen, in die der Kapitalgeber investiert, werden neben wirtschaftlichen Kriterien zuerst auch auf Umweltfaktoren wie Treibhausgasemissionen und Auswirkungen auf die Artenvielfalt geprüft. Planet A nimmt den gesamten Lebenszyklus der Produkte unter die Lupe – von der Produktion bis zur Entsorgung.

Diese Lebenszyklusanalyse kann auch zu Firmeninvestitionen führen, die auf den ersten Blick gar nicht so nachhaltig anmuten. Zum Beispiel investierte Planet A in Wildplastic, eine Firma, die Plastikmüll in Ländern wie Haiti einsammelt und zurück nach Europa verschifft, um ihn hier zu recyceln.

Aber ist das wirklich umweltfreundlich, wenn die Riesentanker das Plastik zurück nach Europa bringen? Fridtjof sagt: «Ja, rund 60 Prozent umweltfreundlicher. Denn für die Produktion einer neuen Plastiktüte muss neues Öl aus der Erde geholt werden. Dazu befreit das Unternehmen Wildplastic die Strände von Plastik und unterstützt die Sammler vor Ort.» Eine Win-win-Situation also.

Damit sich Firmen wie Wildplastic lohnen, müssen natürlich die Rahmenbedingungen stimmen. Momentan kosten viele Produkte schlichtweg nicht den Preis, den sie kosten müssten, würde man die negativen Einflüsse auf die Umwelt einberechnen. «In Europa fängt das gerade an. Wenn eine gewisse Regulatorik da ist, dann verändern sich auch die Geschäftsmodelle», sagt Fridtjof.

«Die Firmen, die einen positiven Impact haben, werden die Gewinner der Transformation sein.» Dann fügt er noch hinzu: «Das ist unsere Überzeugung bei Planet A. Und wir treten jeden Tag dafür an, das zu beweisen.»

Tesla und Nikola

Es sind also nicht nur Klimarisiken, die Investor:innen in grünere Bereiche drängen. Es sind vielmehr handfeste Investitionsmöglichkeiten, die sich in einer rasant ändernden Welt auftun. Wer heute in Nachhaltigkeit investiert oder in Firmen, die auf diese Veränderungen frühzeitig reagieren, kann morgen zu den Profiteuren dieses Wandels zählen und trägt mit seinem Investment gleichzeitig zu diesem Wandel hin zur Nachhaltigkeit bei.

Auch der kometenhafte Aufstieg von Tesla und anderen Elektroauto-Pionieren hat diese Entwicklung befeuert. Selbst wenn es einiges an Tesla auszusetzen gibt, ist es unstrittig, dass Tesla massiv zur Verbreitung der Elektromobilität beigetragen hat.

Noch 2018 sagte mir ein bekannter Ökonom auf einer Konferenz: «In zwei Jahren wird es Tesla nicht mehr geben.» Mit dieser Einschätzung war er nicht alleine, wie Tesla-CEO Elon Musk der Financial Times erzählte: «Lange Zeit hat der Rest der Autoindustrie Tesla und mich im Grunde als Dummköpfe und Betrüger bezeichnet.»

Im Jahr 2021 durchbrach Teslas Wert als eine von nur sechs amerikanischen Firmen die 1-Billionen-Marke an der Börse. Der Aktienkurs stieg zeitweise auf über 1000 Dollar, Anfang 2019 stand er noch bei rund 60 Dollar. Klar: Es kann gut sein, dass der Tesla überbewertet ist, aber wie das Handelsblatt es treffend zusammenfasst: «An der Börse wird die Zukunft gehandelt.»

Durch den Vorsprung, den sich Tesla in Bezug auf Reichweite, Schnelllade-Infrastruktur und Knowhow über das letzte Jahrzehnt erarbeitet hat, sehen die deutschen Autobauer im Vergleich nun alt aus. Ja, sie holen auf, aber lange wurde die Elektromobilität schlichtweg verschlafen. Viele Länder drücken nun bei der Elektromobilität aufs Gas, und das kommt besonders den Vorreitern wie Tesla zugute.

Natürlich ist es leicht, Teslas Erfolgsgeschichte als repräsentativ für alle Unternehmen zu werten, die im grünen Bereich aktiv sind. Wie in allen Industriezweigen wird es Firmen geben, die überleben, und wiederum andere, die pleitegehen und verschwinden. Diese «kreative Destruktion» – wie es der österreichische Ökonom Joseph Schumpeter nannte – hat für die Volkswirtschaft als Ganzes einen enormen Wert. Unternehmen entwickeln neue Technologien, werfen neue Produkte auf den Markt. Sie experimentieren, passen an, versuchen, neue Märkte zu erschließen.

In diesem neuen, umkämpften Markt kann das auch mal schiefgehen, besonders wenn Unternehmer:innen das schnelle Geld wittern. Frühe Investor:innen in Tesla haben viel Geld gemacht, aber lange war nicht klar, ob Musks Pläne jemals aufgehen würden.

Wie in allen neuen Wirtschaftsbereichen ist hier Vorsicht geboten. Wie nahe manchmal Erfolg und Scheitern beieinanderliegen, zeigt das Beispiel des Elektro-Lkw-Bauers Nikola. Nikola, der Vorname des serbisch-amerikanischen Erfinders und Elektroingenieurs Nikola Tesla, weckt natürlich sofort Assoziationen mit dem Elektroautobauer Tesla. Auch wenn diese nichts miteinander zu tun haben.

Nach einem gefeierten Börsengang stieg der Preis der Nikola-Aktie von rund 10 auf über 60 Dollar. Doch dann wurde Nikolas wirtschaftliches und technisches Potenzial durch einen Report des Short-Sellers Hindenburg Research – ein Fonds, der auf fallende Kurse setzt – schwer in Zweifel gezogen. Schon der erste Satz der Pressemitteilung mit dem Titel «Ozean der Lügen» verdeutlichte, welche Geschütze aufgefahren wurden: «Heute enthüllen wir, warum wir glauben, dass Nikola ein ausgeklügelter Betrug ist, der auf Dutzenden von Lügen im Laufe der Karriere des Gründers und Executive Chairman Trevor Milton aufgebaut ist.»

Hindenburg zeigte, dass bei einem Werbevideo mit dem Titel «Nikola One in Bewegung» der Elektro-Truck nicht alleine fuhr, sondern einen Hang hinaufgezogen wurde und dann herunterrollt. Im Video sieht es aber so aus, als würde der Truck von selbst fahren.

Zudem veröffentlichte Hindenburg Research ein Foto, welches zeigte, dass Nikola «bei einer Vorführung des *Nikola One* ein Stromkabel von der Unterseite der Bühne in den Lastwagen verlegte, um zu behaupten, dass die elektrischen Systeme voll funktionsfähig seien». Die Aktienkurse sanken und sanken. Im Dezember 2021 war Nikolas Aktienkurs auf unter 10 Dollar gefallen.

Natürlich kann es sein, dass Nikola trotz dieser überzogenen, teilweise vermutlich betrügerischen Behauptungen zu einer der erfolgreichen Firmen des Wandels zählen wird. Aber mittlerweile beschäftigt Nikola auch die Staatsanwaltschaft. Anfang Juli 2021 wurde der ehemalige CEO von der New Yorker Staatsanwaltschaft wegen Betrugs angeklagt. Vor Gericht plädierte er auf nicht schuldig, und das Gericht setzte ihn gegen eine Kaution von 100 Millionen US-Dollar auf freien Fuß.

Die Geschichte von Tesla und Nikola verdeutlicht, dass auch bei grünen Investitionen dieselben Investitionsprinzipien gelten wie bei konventionellen Investitionen: Investitionen über viele Firmen und Industrien zu streuen, reduziert das Risiko, weil bei der Pleite einer Firma nicht das ganze Geld weg ist.

Abschließend lässt sich festhalten: Es gibt keine konsistente wissenschaftliche Evidenz, dass grüne Investitionen unrentabel sind. Eine Meta-Analyse von 2200 Studien, die den Zusammenhang zwischen der finanziellen Performance von Unternehmen und deren Abschneiden in sogenannten Environmental-, Social- and Governance (ESG)-Kriterien betrachtete, fand in 90 Prozent der Fälle einen moderaten positiven Zusammenhang. Ob das langfristig so bleibt, kann natürlich niemand mit Sicherheit sagen. Aber die Richtung ist klar: Der Klimawandel gewinnt in Politik und Gesellschaft massiv an Bedeutung, Tendenz steigend.

Und er wird auch für Unternehmen immer mehr zu einem Geschäftsrisiko, für andere zu einer großen Chance. Der Druck von Investor:innen, politische und juristische Entscheidungen, die Auswirkungen von Stürmen und Dürren, all das kann in Sekundenschnelle den Wert von Unternehmen dezimieren.

Aus Unternehmenssicht ist es deshalb sinnvoll, eine vorausschauende Strategie zu fahren, aus Sicht der Anleger:innen, Firmen und Fonds zu wählen, die eine glaubhafte Strategie haben, ihre Klimarisiken zu minimieren und gleichzeitig große Chancen haben, von dem massiven industriellen Umbau zu profitieren.

Für Eilige

Dass grüne Investitionen unrentabel seien, ist vermutlich der hartnäckigste Geldmythos. Es gibt keine konsistente wissenschaftliche Evidenz, dass nachhaltige Fonds schlechter abschneiden als der übrige Markt. Klar ist: Wir stehen an der Schwelle eines massiven industriellen Umbaus hin zu einer nachhaltigen Weltwirtschaft. Die Frage, ob sich grüne Anlagen lohnen, ist deshalb die falsche Frage. Vielmehr sollte diese lauten: Welche Firmen haben besonders gute Chancen, von der grünen Transformation unserer Volkswirtschaften zu profitieren, und welche Firmen laufen Gefahr, bei diesem rasanten Umbau auf der Strecke zu bleiben? Aus Sicht der Anleger:innen ist es deshalb von Vorteil, Firmen und Fonds zu wählen, die eine glaubhafte Strategie haben, ihre Klimarisiken zu minimieren und gleichzeitig große Chancen haben, von dem massiven industriellen Umbau zu profitieren.

Geldmythos 3: Durch nachhaltige Anlagen wird der Planet nicht nachhaltiger

Tariq Fancy flog in einem Privatjet von Zürich nach Madrid, unter ihm zogen die Alpen vorbei, doch eine Frage – wie er später der Financial Times erzählte – ließ ihn nicht los: «Wenn ich einen Investmentfonds mit geringem CO_2-Fußabdruck kaufe, was bringt das im Kampf gegen den Klimawandel?»

Tariq, damals 42, war gerade der Chief Investment Officer für nachhaltiges Investieren bei BlackRock geworden, dem weltgrößten Fondsmanager. BlackRock sammelt das Geld von Kund:innen und kauft damit Anteile an Firmen und andere Finanzprodukte, um langfristig Erträge einzufahren.

Tariq stieß mit hehren Zielen zum Team, er sollte Umwelt-, Sozial- und Unternehmensführungskriterien (ESG) in die Fonds bei BlackRock integrieren. Dies hieß konkret, dass sich die Auswahl von Firmen nicht nur auf rein finanzielle Kriterien stützen sollte. Sondern auch: Inwiefern waren die Firmen ESG-Risiken ausgesetzt? Also zum Beispiel: Wie viel CO_2 emittierte eine Firma, und könnte sich das zu einem geschäftlichen Risiko auswachsen?

BlackRock war nicht entgangen, dass Fonds boomten, bei denen ESG-Kriterien berücksichtigt wurden. Bis Ende des Jahres 2020 flossen global ganze 1,7 Billionen USD in

ESG-Fonds, was rund der Hälfte des deutschen Bruttoinlandsprodukts entspricht. Und die Nachfrage wuchs und wuchs.

Tariq wusste zwar den CEO von BlackRock, Larry Fink, hinter sich: «Die Größe und der Umfang des Unternehmens bedeuteten, dass wir, wenn wir es gut machten, [...] den Kapitalismus reformieren könnten», sagte Tariq der Financial Times. «Denn wenn der größte Vermögensverwalter der Welt auf die Bühne geht und sagt, wir machen das und wir machen es sehr gut, dann ist es gut möglich, dass der Rest der Branche folgen wird.»

Dennoch war Tariq sich nicht sicher. Immer wieder ging ihm die Frage durch den Kopf, die ihm ein Kunde in Zürich gestellt hatte: Verändern diese Fonds wirklich den Planeten? Wirken sie sich wirklich positiv auf den fortschreitenden Klimawandel aus?

Die größten Positionen in ESG-Fonds sind oft Tech-Unternehmen, da sie gemessen an ihren Umsätzen weniger CO_2 emittieren. In den zwanzig größten ESG-Fonds am Markt ist Googles Mutterfirma Alphabet die häufigste Investition. Aber bewirkt eine Investition in Google etwas im Kampf gegen den Klimawandel?

Tariq hatte dem Kunden erklärt, dass dieser mit dem Kauf von ESG-Fonds bei BlackRock ein Signal an andere Investor:innen senden würde, die daraufhin mittelfristig ebenfalls ihr Geld aus braunen Firmen abziehen würden. Langfristig werde es für braune Firmen dadurch teurer, sich Geld zu leihen. Das wiederum wirke sich auf die Preise der Produkte dieser Firmen aus. Sie würden Marktanteile verlieren und müssten ihre Strategie anpassen.

Ganz zufrieden war er mit seiner Antwort nicht. Gab

es dafür wirklich eine wissenschaftliche Evidenz? Hinzu kam, dass es ihm absurd erschien, wie er so dasaß, in einem Flugzeug, das massenweise CO_2 in die Atmosphäre blies, während er unterwegs war, um Anlageprodukte mit geringem CO_2-Fußabdruck zu verkaufen.

Das alles ließ ihn nicht mehr los, und er diskutierte die Frage des Kunden aus Zürich – Verändern diese Fonds den Planeten wirklich zum Positiven? – und seine Antwort darauf mit seinem Team. Seine Sorge sollte sich bestätigen, allerdings auf eine andere Weise, als er vermutet hatte: «Die Leute im Team waren mit meiner Antwort unzufrieden, weil sie diese für zu lang und zu umständlich hielten», sagte Tariq. Er solle sich einfach an die «Talking Points» halten: einfaches Produkt, einfache Kommunikation. Mehr nicht.

Er merkte, dass es seinen Kolleg:innen nicht um die tatsächliche Nachhaltigkeit der Produkte ging, sondern um ihre Verkaufsziele und den Bonus am Ende des Jahres: «An diesem Punkt begann ich zu begreifen, dass es nicht ihre Schuld war, sondern dass sie einfach Produkte verkaufen mussten. Die Senkung der Kohlenstoffemissionen war für sie kein Anreiz.»

Als die Maschine in Madrid aufsetzte, so berichtete die Financial Times, fühlte sich Tariq niedergeschlagen. Er konnte die Nacht nicht schlafen. Ihm wurde klar, dass er mit seinen hohen Zielen, den Kapitalismus zu reformieren und gleichzeitig gute Rendite zu erzielen, gescheitert war. «Es war einfach die gleiche Sache wie zuvor, der ich ein paar Jahre früher den Rücken gekehrt hatte und die nun versuchte, sich einen grünen Anstrich zu verpassen, um Produkte zu verkaufen.» Weniger als zwei Jahre später verließ Tariq BlackRock. Sein Resümee der Zeit: «Mit Verlaub: Ich glaube, es ist kompletter Bullshit.» Und mit «es» meinte er nachhaltige Fonds, wie sie von BlackRock und vielen anderen Fonds angeboten wurden.

Bei vielen Menschen hat sich das Gefühl eingestellt, dass «nachhaltige Fonds» die Welt nicht wirklich nachhaltiger machen. In der Tat gibt es viel Augenwischerei in diesem boomenden Feld, und manchmal ist es gar nicht so einfach, zu identifizieren, welche Firmen und Fonds die Weltwirtschaft wirklich nachhaltiger machen.

In diesem Kapitel erfährst du,
- was der Unterschied zwischen Investor:innen-Impact und Firmen-Impact ist,
- warum die Welt nicht unbedingt besser wird, nur weil du in eine nachhaltige Firma investierst,
- und was du wirklich beachten solltest, damit die Welt durch deine Investitionen nachhaltiger wird. Achtung: Manches wird dich überraschen!

Der Einfluss der Firma versus der Einfluss des Investors, der Investorin

Um Tariq Fancys Kritik einzuordnen, sprach ich mit dem Finanzwissenschaftler Dr. Julian Kölbel der Universität St. Gallen. Kölbel, 37, ist dort Assistenzprofessor in Sustainable Finance. Ihn interessiert besonders der Einfluss von Investmententscheidungen auf die reale Welt. Also die Frage: Tragen nachhaltige Anlagen dazu bei, den Planeten grüner zu machen?

Kölbel hat mit seinem Kollegen Florian Heeb einen vielbeachteten Report geschrieben, in dem sie evidenzbasierten Rat für Investor:innen bereitstellen, die «die Welt verändern wollen».

Kölbel ist anders als die meisten Menschen, die ich in der Finanzwelt kenne. Im Bachelor studierte er Umweltwissenschaften, erst über Umwege kam er zum Finanzbereich. Bei unserem Zoom-Gespräch sitzt er in einem Kapuzenpulli am Schreibtisch.

Kölbel verkörpert eine neue Generation von Finanzwissenschaftler:innen, die weit über die traditionellen Bereiche hinausgehen. Ihn interessiert nicht nur die finanzielle Performance von Anlagen, sondern auch wie sich Investitionen auf den Klimawandel auswirken.

Schon am Anfang ihres Reports greifen er und sein Co-Autor die Kritik von Tariq auf: «Der Impact einer Investition ist nicht so eindeutig, wie die Werbebroschüren über nachhaltige Anlageprodukte es vermuten lassen.»

Um der Frage nachzugehen, ob Investitionen die Welt nachhaltiger machen können, muss man laut Kölbel zuerst definieren, was «Impact» eigentlich bedeutet. «Die Idee des Impacts läuft auf zwei Dinge hinaus. Erstens: Es muss sich etwas verändern. Zweitens: Diese Veränderung muss auf deine Aktivität zurückzuführen sein und nicht auf die eines anderen.»

Deshalb könne man auch nicht einfach so sagen, dass, nur weil eine Firma, in die man investiert, etwas Gutes tut in der Welt, man auch selbst damit etwas Gutes getan hat. Denn die Firma hätte das vielleicht auch ohne die eigene Investition getan.

Ein Beispiel: Vestas, eine dänische Firma, stellt Windkraftanlagen her. Diese Windkraftanlagen werden an einem stürmischen Örtchen an der Nordsee aufgestellt, drehen sich dort munter im Wind und speisen grünen Strom ins Netz ein. Wenn sie dadurch dreckigen Kohlestrom verdrängen, hat die Firma durch ihre Produkte einen positiven Effekt auf die Umwelt, da der Ausstoß klimaschädlicher Gase reduziert wird.

In der Grafik weiter unten würde sich der Einfluss der Firma also aus der Differenz zwischen einem kohlelastigen Weiter-so-Szenario und einem windbasierten grünen Szenario ergeben. Die Windkraftanlage speist für zwanzig Jahre Strom ins Netz ein, und jedes Jahr verdrängt diese Anlage Kohlestrom. Der sich aufsummierende Impact der Firma in diesem Beispiel zeigt sich also in der größer werdenden Fläche zwischen den beiden Szenarien in der Grafik.

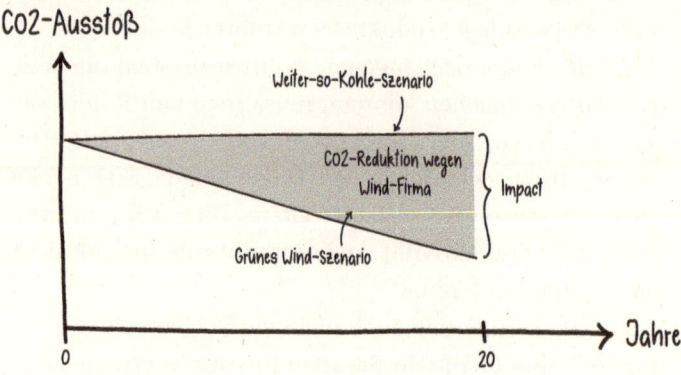

Für Impact muss sich etwas verändern

«Es ist wichtig, den Einfluss des Investors oder der Investorin von dem Einfluss des Unternehmens zu unterscheiden», sagt Kölbel. Der Einfluss des Investors oder der Investorin ist eine Veränderung in der Unternehmensaktivität, die sich auf diese zurückführen lässt, wie du in der Grafik auf dieser Seite sehen kannst. In der Realität ist das etwas komplexer, aber trotzdem helfen diese Begrifflichkeiten, Klarheit in die Kausalstruktur des Einflusses von Investor:innen und Firmen auf die Nachhaltigkeit der Welt zu bringen.

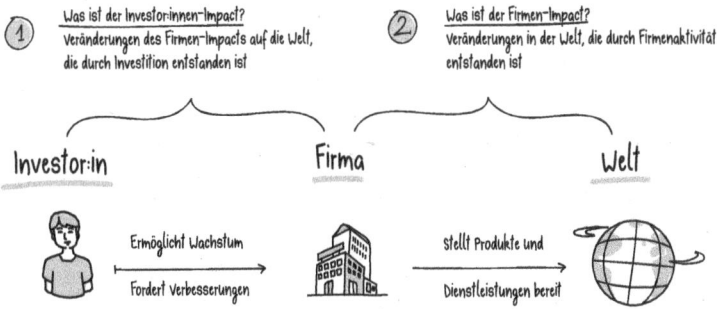

① Was ist der Investor:innen-Impact?
Veränderungen des Firmen-Impacts auf die Welt, die durch Investition entstanden ist

② Was ist der Firmen-Impact?
Veränderungen in der Welt, die durch Firmenaktivität entstanden ist

Investor:in — Firma — Welt

Ermöglicht Wachstum
Fordert Verbesserungen

stellt Produkte und
Dienstleistungen bereit

Der Unterschied zwischen Investor:innen- und Firmen-Impact

Im Falle unserer Beispiel-Firma Vestas könnte das bedeuten, dass Investor:innen dem Unternehmen Geld geben, das es Vestas wiederum erlaubt, eine weitere Fertigungshalle für Windkraftanlagen zu bauen, die sie nicht mit eigenem Geld hätte bauen können. Dies hätte mehr Windkraftanlagen zur Folge, welche mehr Kohlestrom verdrängen könnten. In unserem fiktiven Beispiel bedeutete das wiederum, dass Vestas 90 Prozent ihrer Aktivitäten aus eigener Kraft stemmen kann und 10 Prozent nur durch das Geld von Investor:innen.

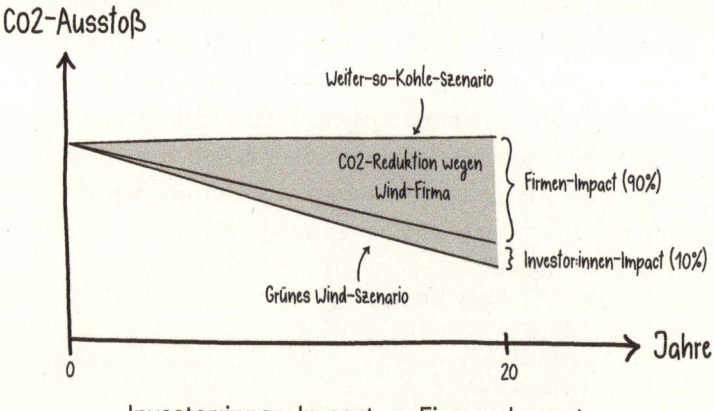

CO2-Ausstoß

Weiter-so-Kohle-Szenario

CO2-Reduktion wegen
Wind-Firma

} Firmen-Impact (90%)

} Investor:innen-Impact (10%)

Grünes Wind-Szenario

Jahre

0   20

Investor:innen-Impact vs. Firmen-Impact

«Viele Investor:innen begehen den Fehler, ihren eigenen Einfluss mit dem Einfluss des Unternehmens zu verwechseln.» Die Unterscheidung zwischen Firmen- und Investor:innen-Impact ist aber wichtig, um zu verstehen, welchen Einfluss deine Investition auf die Welt hat. Wenn du nur grüne Firmen in deinem Portfolio hältst, diese Firmen aber auch ohne dein Geld genau das hätten tun können, was sie ohnehin schon tun, dann ist dein Investor:innen-Impact gleich null, auch dann, wenn die Firma dazu beiträgt, dass die Welt durch ihre Aktivitäten deutlich nachhaltiger wird. Darin liegt also der Unterschied zwischen Investor:innen-Impact und Firmen-Impact.

Um die Problematik zu illustrieren, führt Kölbel ein Beispiel an, in dem es um eine grüne und eine braune Firma geht. Die grüne Firma hat einen positiven Einfluss von 100 auf die Welt. Die braune Firma hat einen negativen Einfluss von –100 auf die Welt. Wenn die grüne Firma ein Jahr später weiterhin einen positiven Einfluss von 100 hat, dann ist der Einfluss des Investors, der Investorin gleich null. Wenn jedoch der Investor, die Investorin eine braune Firma dazu bewogen hat, weniger umweltschädlich zu sein, und deren negativen Einfluss von −100 auf −50 reduziert hat, dann hatte der Investor, die Investorin einen positiven Einfluss von +50.

«Es geht also nicht darum, besonders nachhaltige Firmen zu halten, sondern darum, eine Veränderung in weniger nachhaltigen Firmen anzustoßen», sagt Kölbel.

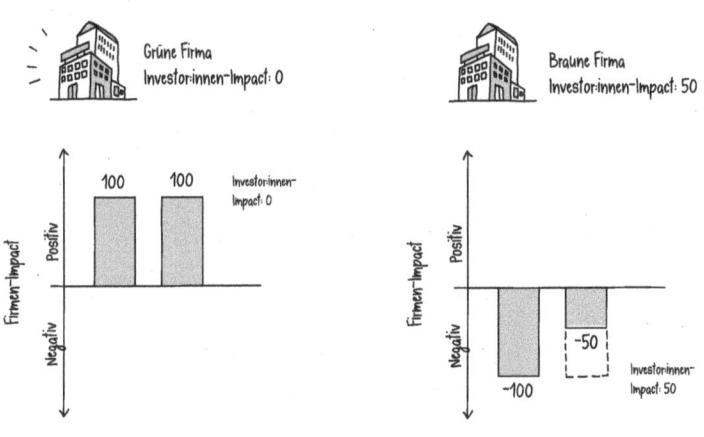

Der Investor:innen-Impact auf braune
und grüne Firmen

«Deshalb kann es in Bezug auf den eigenen Impact erfolgversprechender sein, eine braune Firma etwas nachhaltiger zu machen, als Anteile an einer grünen Firma zu besitzen, die danach genauso nachhaltig ist wie davor.»

Jetzt denkst du dir vielleicht: Könnte ich nicht die grüne Firma deutlich nachhaltiger machen, also den Impact der Firma von +100 auf +150 steigern, indem ich in sie investiere? Dann wäre der Impact der Firma auch +50, und ich hätte direkt in eine grüne Firma investiert. Das ist möglich, aber das Potenzial ist an dieser Stelle begrenzt.

Die zwei Impact-Hebel

Laut Kölbel lassen sich zwei entscheidende Hebel für Investor:innen-Impact identifizieren. Diese sind:

1. **Nachhaltigen Start-ups oder Projekten dabei helfen zu wachsen.** Das sind in der Regel kleine Firmen, die nicht leicht an Geld kommen. Große grüne Firmen wie Vestas, die an der Börse sind, kommen in der Regel sehr einfach an Geld. Der Investor:innen-Impact ist demnach begrenzt.
2. **Große braune Firmen nachhaltiger machen**, etwa durch die Ausübung von Stimmrechten bei der jährlichen Hauptversammlung, durch öffentlichen Druck oder sogenanntes «Divestment».

Für Privatanleger:innen ist es eher schwierig, in grüne Start-ups zu investieren, da der überwiegende Teil dieser noch kleinen Firmen nicht an der Börse notiert ist und Investitionen meistens Wagniskapitalgebern wie Planet A vorbehalten sind. Es gibt somit in der Regel keinen einfachen Weg, um in diese grünen Start-ups oder Projekte zu investieren und ihnen durch Investitionen Wachstum zu ermöglichen.

Es gibt Ausnahmen, die wir im nächsten Kapitel genauer beschreiben, aber generell gilt: Du kannst weder über deinen Bankberater oder deine Bankberaterin noch über eine der neuen Trading-Apps wie Scalable Capital oder Trade Republic kurzerhand dein Geld in Start-ups stecken, wohingegen sich die Anteile von großen Firmen darüber kinderleicht handeln lassen. In Start-ups zu investieren, ist zudem äußerst riskant, weil die meisten davon scheitern. Ein Wagniskapitalfonds investiert in der Regel in 10–20 Start-ups, von denen es im Schnitt 1–2 schaffen. Diese 1–2 bringen so viel Geld ein, dass sie das verlorene Geld bei den anderen Start-ups wieder einspielen können. Diese Streuung ist für dich als Einzelne:r Investor:in aber praktisch unmöglich, es sei denn, du hast viel Geld.

Große braune Firmen als Investor:in nachhaltiger zu machen, ist der zweite Impact-Hebel. Es gibt zwei äußerst wirksame Möglichkeiten, dies zu tun – durch die Ausübung von Stimmrechten und durch die Ausübung von öffentlichem Druck –, und eine Möglichkeit, deren Wirksamkeit umstritten ist und eher vermittelt greifen könnte.

Beim Kauf von Anteilen an börsennotierten Unternehmen, auch Aktien genannt, erhalten Investor:innen in der Regel Stimmrechte. Mit diesen dürfen Aktionär:innen bei der jährlich stattfindenden Hauptversammlung über wichtige Unternehmensentscheidungen abstimmen, etwa die Besetzung des Verwaltungsrats wie im Beispiel von Engine No. 1. Diese Mitglieder des Verwaltungsrats bestimmen über den Kurs der Firma, vergleichbar mit der Crew auf der Brücke eines großen Schiffes.

Bei einer Firma wie Vestas ist das Potenzial begrenzt, die Firma über Stimmrechte noch nachhaltiger zu machen, da die Firma längst nachhaltig agiert. Der Ölgigant Exxon Mobil hingegen bietet mehr Verbesserungspotenzial. Anders gesagt: Bei wem, glaubst du, hätte Nachhilfeunterricht den größten Einfluss auf die Schulnoten? Bei einem Einser-Schüler oder bei einem Nachzügler? Natürlich bei einem Nachzügler, das Potenzial nach oben ist viel größer als bei jemandem, der in der Schule längst glänzt. So verhält es sich auch in unserem Beispiel mit Vestas und Exxon Mobil.

Da viele Menschen nicht direkt Aktien kaufen, sondern über Vermögensverwalter anlegen, geben sie ihre Stimmrechte an den jeweiligen Vermögensverwalter ab, über den sie ihr Geld investieren. Wenn ich also mein Geld einem Vermögensverwalter anvertraue, der aktiv auf ein Unternehmen wie Exxon Mobil einwirkt, um nachhaltiger zu werden, dann könnte das einen größeren Einfluss auf die Nachhaltigkeit haben als bei einer Investition in Vestas. Ich weiß, das erscheint nicht sehr intuitiv, aber es ist wichtig, diesen Punkt zu verstehen, wenn du darüber nachdenkst, wie du deinen Einfluss als Investor:in wirklich geltend machen kannst.

Öffentlich Druck auf Firmen auszuüben, ist ein weiterer Einflusskanal, über den du nachdenken solltest. Dies kann entweder im Privaten geschehen, indem du mit deinem direkten Umfeld darüber sprichst – Freund:innen, Familienmitglieder oder Bekannte –, oder durch öffentliche Beiträge auf Social Media. Da die meisten von uns keine Millionen-Anhängerschaft auf Instagram oder Twitter haben werden, gibt es noch effektivere Wege, öffentlich Druck auf Firmen auszuüben. Besonders effektiv kann es sein, finanzielle Unterstützung für NGOs zu leisten, die gezielt Druck auf braune Firmen ausüben, wie zum Beispiel die niederländische NGO Follow This.

Zu unserer dritten Möglichkeit: Bringt es etwas, wenn ich meine Anteile an braunen Firmen verkaufe und diese in grüne Anlagen stecke? Dieser Ansatz wird auch Divestment genannt.

Um dieses Beispiel für dich konkreter zu machen, nehmen wir an, ich würde als Privatinvestor Exxon-Aktien verkaufen und stattdessen Vestas-Aktien kaufen. Die Grundfrage lautet: «Wird mehr grüner Strom produziert, wenn ich Aktien dieser grünen Firma kaufe?»

Die Antwort: Wenn ich in Vestas investiere, verändert sich der Aktienkurs dieser Firma nicht, da ich als kleiner Fisch den Aktienkurs nicht beeinflussen kann. Selbst wenn ich viel Geld hätte und im großen Stil in Vestas einstiege, hätte das zur Folge, dass die Aktienkurse steigen, aber durch den steigenden Preis mehr Menschen ihre Aktien verkaufen würden, wodurch der Preis langfristig wieder auf das Ausgangsniveau sinkt. In meinem Beispiel wäre der Einfluss des Investors gleich null, während der Firmeneinfluss unverändert hoch wäre, weil Vestas auch ohne meinen Aktienkauf weiter Windkraftanlagen herstellen würde.

Das heißt, der Einfluss als Investor:in auf die Firmen ist begrenzt, und das gilt in dieser Form auch für braune Firmen. Denn wenn viele Menschen ihre Aktien in braune Firmen verkaufen, dann gibt es im globalen Aktienmarkt immer Käufer:innen, die ein Schnäppchen wittern und bei fallenden Aktienkursen einsteigen, was wiederum den Aktienpreis kurzfristig nach oben drückt.

Warum wir Divestment dennoch aufführen? Weil das Abziehen von Kapital durch die damit einhergehende Delegitimierung vermittelt einen Einfluss auf die Firmen haben könnte. Schon heute haben braune Firmen es schwer, Fachkräfte an sich zu ziehen, die gewillt sind, in Branchen tätig zu werden, die den Klimawandel aktiv vorantreiben. Wie genau dieser vermittelte Effekt wirksam wird, das erklären wir dir später noch.

Was heißt das für dich als Privatanleger:in?

Der Mythos, dass grüne Anlagen die Welt nicht nachhaltiger machen, stimmt also nur bedingt. Mit deinen Investitionen machst du die Welt dann nachhaltiger, wenn sie entweder kleinen grünen Firmen dabei helfen zu wachsen oder sie große braune Firmen dazu bringen, nachhaltiger zu agieren. Natürlich ist die Aufteilung in braune und grüne Firmen stark vereinfacht, es gibt – was die Klimaverträglichkeit anbelangt – viele Firmen im Mittelfeld: Auto- und Chemiefirmen beispielsweise. Auch hier ist das Verbesserungspotenzial groß.

Um dir eine Gedankenstütze mit an die Hand zu geben, habe ich mir die Impact-Treppe ausgedacht. Mit der Impact-Treppe gewinnst du einen guten Überblick über mögliche Strategien, die wir im dritten Teil dieses Buches im Detail erläutern.

Die Strategie mit dem geringsten Impact ist die braune

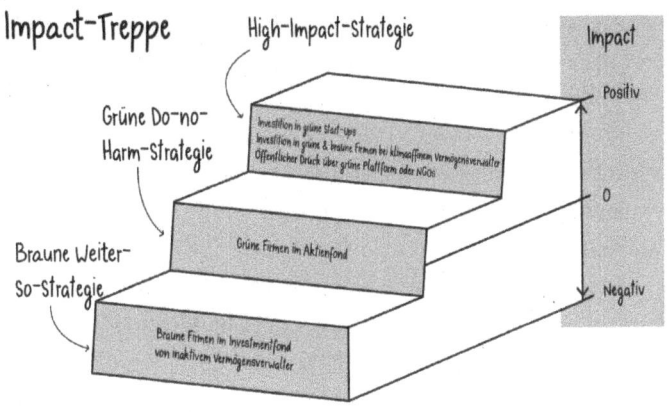

Die Impact-Treppe

Weiter-so-Strategie. Bei dieser Strategie investierst du dein Geld in einen Fonds, der auch braune Firmen beinhaltet, aber bei einem Vermögensverwalter, der in der Regel gegen Klimaresolutionen bei der Hauptversammlung stimmt. Ein Beispiel hierfür wäre ein Investment in einen breit gestreuten Fonds eines Vermögensverwalters, der nur selten für Klimaresolutionen stimmt. Es bleibt also alles beim Alten, und nichts verändert sich.

Eine etwas bessere Strategie ist die grüne Do-no-Harm-Strategie. Fährst du diese Strategie, kaufst du Aktien von grünen Firmen oder legst in Fonds an, die viele grüne Firmen halten. Hier geht es primär darum, keinen weiteren Schaden anzurichten.

Die High-Impact-Strategie fördert die Investition in grüne Start-ups, die nicht leicht an Geld kommen. Dieser Hebel ist für Privatinvestor:innen mit einem hohen Risiko verbunden und erfordert eine genaue Einarbeitung. Es gibt aber zunehmend Plattformen, welche diese Investitionen möglich machen und erleichtern. Eine Investition über einen klimaaffinen Vermögensverwalter, der braune Firmen dazu bewegt, klimafreundlicher zu werden, kann ebenfalls besonders sinnvoll sein. Welche Vermögensverwalter besonders klimafreundlich sind, erfährst du im nächsten Kapitel.

Zusätzlich kann auch ein erhöhter öffentlicher Druck helfen. Besonders wirksam ist es dabei, sich bestehenden Organisationen anzuschließen oder diese finanziell zu unterstützen. NGOs können auf ein größeres Megafon zugreifen als eine einzelne Person und auf diese Weise wirksam öffentlich Druck auf Firmen und Politik ausüben. Sie können auf bestehende Netzwerke und Erfahrungen im Bereich Lobbyarbeit zugreifen, was ihre Arbeit deutlich effektiver macht.

Noch ein Hinweis, weil dies so wichtig ist: Es gibt immer wieder «Greenwashing»-Vorwürfe, die sich gegen große Vermögensverwalter richten. Das liegt daran, dass die meisten sogenannten «nachhaltigen» Fonds sich auf der ersten oder zweiten Stufe der Impact-Treppe bewegen und damit vermutlich keinen oder in Teilen vielleicht sogar einen negativen Einfluss auf die Nachhaltigkeit dieses Planeten haben.

Sogenannte «nachhaltige Fonds», die braune Firmen im Portfolio halten, aber keinen Druck auf diese Firmen ausüben, nachhaltiger zu werden, zementieren den Status quo. Damit ist keinem geholfen.

Privatanleger:innen investieren oft über große Vermögensverwalter, etwa die drei größten unter ihnen: Black-Rock, Vanguard und State Street. Diese aber stimmen in jährlichen Aktionär:innenversammlungen besonders selten für Klimaresolutionen.

Einige nachhaltige Fonds schließen zwar Ölfirmen und andere große Umweltverschmutzer aus, investieren dann aber primär in große Technologie-Firmen. Dies hat vielleicht keinen großen negativen Umwelteinfluss, weswegen eine Investition in Google die Welt aber deutlich grüner macht, ist auch nicht klar.

Paradoxerweise kann ein Portfolio, welches auch CO_2-intensive Firmen beinhaltet, die Welt also nachhaltiger machen als eines mit lediglich grünen Firmen. Dies gilt aber nur, wenn man selbst oder der Vermögensverwalter, über den du dein Geld angelegt hast, glaubhaft Druck auf die braunen Firmen ausübt, nachhaltiger zu werden.

Also: Nachhaltige Anlagen können die Welt nachhaltiger machen, beispielsweise durch Investitionen in grüne Start-ups oder in Mischfonds, die auch braune Firmen beinhalten, wenn gleichzeitig über den Vermögensverwalter glaubhaft Druck auf diese braunen Firmen ausgeübt wird.

Für Eilige

Wenn du in eine nachhaltige Firma investierst, dann heißt das nicht, dass du die Welt nachhaltiger machst. Das liegt daran, dass es einen Unterschied gibt zwischen dem Einfluss, den eine Firma auf die Welt hat, und dem Einfluss, den du als Investor:in hast. Wenn du eine grüne Firma in deinem Portfolio hältst und diese ein Jahr später genauso grün ist wie davor, dann war dein Einfluss gleich null. Wenn du eine braune Firma hingegen etwas grüner machst, dann hatte dein Investment einen positiven Einfluss auf die Welt.

Es gibt zwei wichtige Hebel, wie du die Welt durch ein Investment nachhaltiger machen kannst:

1. **Du hilfst nachhaltigen Start-ups dabei zu wachsen.** Das sind in der Regel kleine Firmen, die nicht leicht an Geld kommen, oder nachhaltige Projekte, wie Solarfelder, die keine Finanzierung finden. Beachte: Für viele Privatinvestor:innen ist es schwierig, in nachhaltige Start-ups oder Projekte zu investieren, da diese sehr risikoreich und nicht leicht zugänglich sind. Aber es gibt zunehmend Internet-Plattformen, welche diese Investments ermöglichen. Trotzdem ist ein solches Investment in der Regel sehr riskant.

2. **Du trägst durch dein Investment dazu bei, große braune Firmen nachhaltiger zu machen.** Du hast zwei Möglichkeiten, dies zu tun: die direkte oder vermittelte Ausübung von Stimmrechten oder die Ausübung von öffentlichem Druck. Erstens: Wenn du dein Geld über einen Vermögensverwalter in Aktienfonds investierst, dann trittst du deine Stimmrechte

an diesen ab. Es ist deshalb wichtig, einen Vermögensverwalter zu wählen, der sich für mehr Klimaschutz einsetzt. Paradoxerweise kann es deshalb sinnvoll sein, wenn dein Portfolio Firmen enthält, die noch deutlich nachhaltiger werden können. Zweitens: Du übst selbst, etwa in den (sozialen) Medien oder durch die persönliche Lobbyarbeit in deinem direkten Umfeld (Freund:innen, Familie, Bekannte), öffentlichen Druck auf braune Firmen und Politik aus. Wirksamer ist es noch, Organisationen finanziell oder durch deine konkrete Mitarbeit in ihrem Tun zu unterstützen, da diese über eine größere Reichweite verfügen und auf ihre Netzwerke und erprobte Strategien im Kampf für mehr Nachhaltigkeit zugreifen können.

Geldmythos 4: Grünen Labels kann man nicht trauen, alles nur Greenwashing

Im letzten Kapitel ging es um die Unterschiede zwischen Investor:innen- und Firmen-Impact. Wie wir gesehen haben, kann paradoxerweise dein Impact auf die Nachhaltigkeit der Weltwirtschaft höher sein, wenn du braune Firmen etwas grüner machst.

Die «nachhaltigen» Fonds, die du im Bankprospekt findest, beinhalten in der Regel Firmen, in denen Aktien oder Anleihen von Firmen mit guten ESG-Ratings gebündelt sind. Jedoch weißt du jetzt durch das letzte Kapitel, dass es einen Unterschied gibt zwischen dem Einfluss, den eine Firma auf die Welt hat, und dem Einfluss, den du als Investor:in hast. Es ist wichtig, dass du dir diesen Unterschied immer wieder bewusst machst, damit du realistisch einschätzen kannst, welche Auswirkungen deine Investitionen wirklich haben – im negativen als auch im positiven Sinne.

Die Frage lautet: Können Labels dir dabei helfen, Klarheit darüber zu erlangen, wie groß dein Investor:innen-Impact wirklich ist? Theoretisch schon, in der Praxis stellt sich die Aussagekraft solcher Labels aber als unzureichend heraus, denn viele große Fondsgesellschaften nutzen ESG-Ratings, um diesen einen nachhaltigen Anstrich zu verleihen.

Viele Vermögensverwalter, wie zum Beispiel Black-Rock, bieten eine ganze Palette von ESG-Fonds für «jeden nachhaltigen Anleger» an, mit dem Versprechen, «nachhaltiges Investieren in ihre Portfolios zu integrieren». Und wie auch im Supermarkt eine Reihe von Labels existieren – Bio, Fair Trade und noch viele andere, über die ich mittlerweile die Übersicht verloren habe –, findet man das Kürzel ESG mittlerweile auf vielen Fonds.

Was tatsächlich dran ist an ESG-Labels und welche Alternativen es gibt, erzählen wir dir in diesem Kapitel.

Es gibt natürlich noch eine Reihe anderer «grüner» Labels von privater und staatlicher Seite, auf die wir in diesem Kapitel nicht näher eingehen. Du findest weiterführende Quellen dazu im Anhang. Nur so viel: Die meisten Labels sind noch eine regionale Sache. Zudem kranken die meisten von ihnen an dem grundlegenden Problem, dass sie nicht den wirklichen Impact eines Fonds messen und nicht adäquat den Wandel hin zu einer klimaneutralen Wirtschaft abbilden. So beinhaltete bis Mai 2021 kein einziges «grünes» Label Impact-Fonds – also Fonds, die einen Fokus auf die tatsächliche Nachhaltigkeitswirkung der Investition legen.

In diesem Kapitel erfährst du,
- was verantwortungsvolles Investieren eigentlich ist und wie sich das Konzept über die Zeit verändert hat,
- wie der Einfluss von Unternehmen auf Mensch und Planet gemessen wird,
- welche Probleme ESG-Labels mit sich bringen
- und warum wir deshalb andere Ansätze brauchen, wie zum Beispiel eine Temperaturmetrik.

Was ist verantwortungsvolles Investieren?

Um herauszufinden, ob mit grünen Labels wirklich nur Greenwashing betrieben wird, sollten wir uns zunächst der Frage widmen, was verantwortungsvolles und ethisches Investment eigentlich ist und wer über diese Definition entscheidet.

Die Frage nach verantwortungsvollem Investieren treibt die Menschheit schon seit vielen Jahrhunderten um. Selbst im Alten Testament finden sich erste Gebote, dass weder Glücksspiel noch Prostitution finanziert werden dürfe. Auch im Koran sind Investmentstandards verzeichnet, wie beispielsweise das Verbot von Riba (wörtlich: ‹Zuwachs›), welche die Ausnutzung von Menschen, Wucher und Zinszahlungen verbieten. Neben Glücksspiel und Prostitution untersagt das Riba-Verbot Investments in Gold, Silber, Waffen und Schweinefleisch.

Die Frage, was moralische Anlagen sind, flammte in der Geschichte immer wieder auf. Die Spaltung der katholischen Kirche lässt sich auch auf den Widerstand mancher Gruppierungen gegen den Ablasshandel werten, um sich der eigenen Sünden zu entledigen. Der Dominikanermönch Johannes Tetzel war einer der findigsten Verkäufer von Ablassbriefen, die vermutlich auch unter der Hand weiterverkauft wurden. Er prägte den Werbeslogan: «Wenn das Geld im Kasten klingt, die Seele aus dem Feuer springt.»

Im 18. und 19. Jahrhundert machte die Industrialisierung den Westen dann reich und arm zugleich, denn der industrielle Aufstieg beruhte in Teilen auch auf der Ausbeutung versklavter Menschen in den USA und anderen Ländern. Protestanten in den USA – Methodisten und Quäker – verboten daraufhin Investments in Sklaverei und Krieg. Als einer der ersten Fonds schloss beispielsweise der «Pioneer Fund», als er 1928 lanciert wurde, Investments in sogenannte «Sünden»-Aktien – wie Alkohol, Tabak und Waffen – aus.

Auch in der zweiten Hälfte des 20. Jahrhunderts übten verschiedene Interessengruppen Druck auf Investor:innen aus, Geld nach bestimmten moralischen und ethischen Werten zu investieren. In den 60er-Jahren formierte sich während des Vietnamkriegs eine Studierendenbewegung, die Druck auf Universitäten ausübte, nicht mehr in Waffenkonzerne zu investieren. Der Boykott südafrikanischer Güter zu Zeiten der Apartheid in den 70er- und 80er-Jahren ist ein weiteres Beispiel für solches Divestment. So setzten beispielsweise Studierende der amerikanischen Columbia University im Jahr 1985 mithilfe von Sitzstreiks durch, dass die Universität nicht mehr in Firmen investierte, die in Südafrika Geschäfte machten. Diese und weitere Proteste prägten den Begriff «Socially Responsible Investing» (SRI). Wir sehen also, dass es lange Zeit religiöse Werte waren und bis heute noch sind, die unsere Vorstellung von verantwortungsvollem Investment prägten und prägen: Werte wie Mitmenschlichkeit im Angesicht von Sklaverei, aber auch die Abneigung gegen – aus religiöser Sicht – moralisch fragwürdige Verhaltensweisen, wie Rauchen und Alkoholkonsum.

Solche Werte können sich natürlich auch verändern,

neue treten hinzu, wie etwa das Thema Nachhaltigkeit, welches seit der Umweltbewegung in den 60er-Jahren langsam in den Fokus rückte.

Von Exklusion zu Inklusion

Bei Socially Responsible Investing ging es historisch gesehen primär darum, Firmen aus Fonds auszuschließen, die bestimmten Werten nicht entsprachen – also etwa Tabak- oder Waffenproduzenten. Inzwischen geht es aber auch darum, Firmen für Fonds aufgrund von gewünschten Kriterien für Investitionen auszuwählen.

Grundsätzlich geht es bei Socially Responsible Investing darum, die Bewertung von Anlagemöglichkeiten nicht ausschließlich anhand von Profitkriterien zu treffen, sondern auch Umwelt-, Sozial- und Unternehmensführungskriterien in den Entscheidungsprozess einfließen zu lassen.

Die Abbildung auf Seite 77 zeigt unterschiedliche Formen des Investierens. Ganz links siehst du die traditionellen Finanzprodukte, bei denen lediglich Profitkriterien berücksichtigt werden. Ganz rechts philanthropische Ansätze, etwa Spenden, bei denen gesellschaftliche Kriterien im Zentrum stehen. Oft werden diese philanthropischen Modelle von wohlhabenden Menschen angewandt, etwa von dem amerikanischen Milliardär und Investor Warren Buffett, der sein erwirtschaftetes Geld auf diese Weise zurück in die Gesellschaft leitet. Ähnliches gilt für Anhänger:innen des «Effektiven Altruismus» , die den «Giving Pledge» unterzeichnet haben. Das können Menschen wie du und ich sein, die mindestens 10 Prozent ihres Lohns in wohltätige Zwecke stecken.

In der Mitte steht ein Hybrid-Modell. Bei diesem liegt der Profit weiterhin im Fokus der Investmententscheidungen, aber andere Kriterien wie Umwelt- und Sozialstandards spielen in die Bewertung der Investmentoptionen hinein.

Die drei Investment-Ansätze

Traditionelle Finanzansätze und Mischansätze sind über die letzten Jahrzehnte immer mehr zusammengerückt. Maßgeblich dafür ist der Aufstieg eines Bewertungsansatzes, der Firmen auf Performance in drei Bereichen prüft und basierend darauf Labels vergibt: Umwelt-, Sozial- und Unternehmungsführungskriterien, oder auf Englisch: Environmental, Social and Corporate Governance (ESG). Jedes Label legt dabei unterschiedliche Kriterien an. Das ESG-Kürzel wird dir immer wieder begegnen, wenn du nach nachhaltigen Fonds suchst. Ob sich die Nachhaltigkeit eines Fonds damit wirklich so gut einschätzen lässt, das erfährst du im nächsten Abschnitt.

ESG-Kriterien

In der klassischen Ökonomie ist es die Aufgabe einer Firma, Profite zu maximieren. Die Firma soll sich an Recht und Gesetz halten, der Rest ist – salopp gesagt – egal. Dies geht auf den Gedanken von Adam Smith zurück, dass Menschen und Firmen durch die enge Fokussierung auf die Maximierung des eigenen Nutzens in Summe das Beste für die Gesellschaft leisten. Der Nobelpreisträger Milton Friedman brachte es 1970 folgendermaßen auf den Punkt: «Die soziale Verantwortung von Unternehmen ist es, den Gewinn zu steigern.» Der Fokus auf Kriterien – wie ESG – geht also deutlich über das hinaus, was Friedman und andere klassische Ökonomen als das Ziel einer Firma definierten. Bei einer Prüfung nach ESG-Kriterien wird wie neben den Profiten einer Firma auch der Einfluss auf Menschen und Planet quantifiziert, so könnte man jedenfalls annehmen.

Was auf den Finanzmärkten aber oft nicht offen kommuniziert wird: Es geht bei der Bezeichnung «nachhaltige Fonds» in der Regel nicht um deinen Einfluss als Investor:in auf die Nachhaltigkeit dieses Planeten. Um was geht es dann aber in ESG-Ratings, wenn es nicht um deinen Einfluss als Investor:in geht?

Die Wirtschaftszeitung Bloomberg untersuchte die ESG-Ratings von 155 Firmen im S&P 500. Sie sahen sich dafür die ESG-Ratings von MSCI an, einer Wall-Street-Firma, die für einen großen Teil der globalen ESG-Ratings verantwortlich ist. Bloomberg kam zu dem Schluss, «dass die Ratings nicht die Auswirkungen eines Unternehmens auf die Erde und die Gesellschaft messen. Vielmehr messen sie das Gegenteil: die potenziellen Auswirkungen der Welt auf das Unternehmen und seine Aktionäre.»

Richtig gelesen: Es geht bei ESG-Ratings in der Regel nicht darum, welchen Einfluss das Unternehmen wirklich auf die Welt hat, sondern lediglich darum, ob es gewissen Risiken ausgesetzt ist.

Bloomberg führt ein Rating-Upgrade von McDonald's als Beispiel an. McDonald's ist der weltgrößte Einkäufer von Rindfleisch und produziert durch seine Lieferkette mehr CO_2-Emissionen als Portugal und Ungarn zusammen. Obwohl McDonald's CO_2-Emissionen im Jahr 2019 stiegen, erhielt es im April 2021 ein ESG-Rating-Upgrade. Wieso das, magst du dich jetzt fragen. Nun, weil das Unternehmen in Frankreich und dem Vereinigten Königreich eine unbestimmte Zahl von Recycling-Containern aufstellte – in Ländern, in denen sie vermutlich in Zukunft sowieso Recycling-Container hätten aufstellen müssen –, wodurch ihr ESG-Rating sich verbesserte.

Mittlerweile hat sich die amerikanische Börsenaufsicht eingeschaltet, da die Gefahr groß ist, dass durch das ESG-Logo Konsument:innen an der Nase herumgeführt werden. Denn obwohl MSCI klarmacht, dass es um Chancen und um Risiken der Firmen in Bezug auf ESG-Kriterien geht, wird in den Marketing-Prospekten vieler Fonds so getan, als würde man mit einer Investition in solche Fonds die Welt tatsächlich grüner machen.

Manche Vermögensverwalter nehmen lediglich bestehende Indizes, wie den S&P 500, ändern die Zusammensetzung der Firmen leicht und kleben dann ein ESG-Label drauf. Dieselbe Analyse von Bloomberg zeigte zum Beispiel auch, dass einer von BlackRocks ESG-Fonds, der ESG-Aware Fonds, sehr nahe an BlackRocks eigenem S&P-500-Fonds war. Mit zwei wichtigen Unterschieden: Zum einen waren 12 der fossilen Brennstofffirmen im ESG-Aware-Fonds sogar stärker gewichtet, sie machten also einen größeren Teil des Portfolios aus. Und zweitens kostete der ESG-Aware-Fonds von BlackRock deutlich mehr. Und zwar das Fünffache an jährlichen Gebühren, die BlackRock verdient. Ein gutes Geschäft – für Black-Rock.

Also: Bei ESG-Fonds geht es in der Regel nicht um den wirklichen Impact von dir als Investor:in, sondern lediglich darum, ob Firmen gewissen Risiken ausgesetzt sind. In den Marketing-Prospekten vieler Vermögensverwalter wird dies aber oft nicht klar kommuniziert.

Ist Tesla oder Exxon Mobil nachhaltiger?

Die Anzahl der Firmen, die ihre ESG-Performance quantifizieren und offenlegen, ist in der Vergangenheit stark gestiegen, auch weil der Druck großer Investoren gewachsen ist, diese zu berücksichtigen. Dennoch: Es bleibt offenbar schwierig, sich auf verbindliche ESG-Standards für verschiedene Industriesektoren zu einigen. Das große Geschäft mit den Ratings ist komplett unreguliert und wenig standardisiert. Mittlerweile tummeln sich mehr als 160 Rating-Agenturen auf dem boomenden ESG-Markt, jeder mit etwas anderen ESG-Kriterien.

Welche Auswirkungen diese mangelnde Vereinheitlichung der ESG-Ratings hat, wird deutlich an dem Beispiel von Tesla und Exxon. In einem vielbeachteten Artikel des Wall Street Journal, stellte der Journalist James Mackintosh die scheinbar einfach zu beantwortende Frage: «Wer ist nachhaltiger: Tesla oder Exxon Mobil?» Anders formuliert: Wer ist nachhaltiger? Ein Ölgigant oder der erste Autobauer, der es geschafft hat, Elektromobilität unter die Leute zu bringen?

Mackintoshs überraschende Antwort: «Kommt ganz darauf an, wen man fragt.» Zwischen den drei Anbietern von ESG-Ratings verhält es sich wie mit drei Geschwistern im Clinch: Sie können sich nicht einigen. Für FTSE ist Tesla ein Umweltsünder, für MSCI ist Tesla ein Umweltengel, und Sustainalytics steht irgendwo in der Mitte.

Jetzt fragst du dich vielleicht: Wie kann das sein? Der Unterschied liegt in den Kriterien, die für die Bewertung herangezogen wurden. Für MSCI ist Tesla ein Umweltengel, da zwei Kriterien in der Bewertung für die Agentur besonders wichtig waren. Erstens, wie viel CO_2 bei der Benutzung der Produkte ausgestoßen wird, zweitens, wie groß die Chancen sind, die sich für die Firma in sauberen Technologien ergeben. Konkret: Wie viele Elektroautos werden perspektivisch verkauft, und welchen Marktanteil wird Tesla sich davon schnappen?

MSCI gibt das Top-Rating, da beim Fahren von Tesla-Autos kein CO_2 freigesetzt wird (außer indirekt durch die Herstellung des Stroms, der in die Batterien fließt, und bei der Herstellung des Autos) und die Agentur für Tesla große Chancen im global boomenden Elektrofahrzeug-Markt voraussieht.

Für FTSE hingegen ist Tesla ein Umweltsünder, da für die Analyse der Agentur die Emissionen der Fabriken für die Umweltbewertung herangezogen wurden, nicht aber der Ausstoß der Autos selbst. Hinzu kommt, dass FTSE Firmen bestraft, welche die Emissionen ihrer Produktion nicht vollständig offenlegen. Da Tesla wenig über den CO_2-Ausstoß der eigenen Produktion berichtet, straft FTSE Tesla durch ein nachteiliges Rating ab. Laut FTSE sind diese schlechten Bewertungen wichtig, um in Bezug auf die Produktion mehr Transparenz zu schaffen.

MSCI handhabt das anders: Die Rating-Agentur nimmt an, dass Firmen, die nichts berichten, ungefähr im Industriedurchschnitt liegen.

Bei Exxon sind sich die drei Rating-Agenturen zwar einiger, und dennoch kommt die Frage auf: Wie kann es sein, dass eine Ölfirma wie Exxon in der Umweltperformance ein mittleres Rating erreicht? Auch hier kommt es stark darauf an, was genau analysiert wird. Der Großteil der Emissionen, der von Ölfirmen verursacht wird, rührt daher, dass das Öl, beispielsweise Diesel im Auto, verbrannt wird. Diese Emissionen werden aber in der Regel nicht berücksichtigt, wenn diese Firmen bewertet werden.

Wir sehen also, dass die Kriterien für ESG-Ratings verschiedentlich ausgelegt werden können. Es handelt sich um eine Reihe von Agentur-abhängigen Einschätzungen, die sogar zu konträren Ergebnissen führen können.

Diese sogenannte «Divergenz» der Ratings liegt an verschiedenen Faktoren. Für einen einflussreichen Forschungsartikel «Aggregierte Verwirrung: Die Divergenz der ESG-Ratings» aus dem Jahr 2022 untersuchten Forscher des Massachusetts Institute of Technology (MIT) die Ursachen des Auseinanderdriftens der verschiedenen Ratings. Sie zeigten, dass rund die Hälfte der Unterschiede durch unterschiedliche Messung von ESG-Kriterien erklärbar ist. Die Autoren schreiben: «Die Arbeitspraktiken eines Unternehmens konnten zum Beispiel anhand der Fluktuation der Belegschaft bewertet werden, oder nach der Anzahl der arbeitsrechtlichen Verfahren gegen das Unternehmen.» Je nach Fokus unterscheiden sich demnach ESG-Scores. Die restliche Divergenz der Ratings führten die Forscher auf die unterschiedliche Gewichtung sowie auf den Fokus auf unterschiedliche Kriterien zurück.

Kann man ESG-Labels von Fonds also vertrauen? Die Antwort: Es ist sinnvoll, mit einer guten Portion Skepsis an ESG-Labels heranzugehen, wie wir es auch im Lebensmittelbereich gegenüber Labeln tun sollten. Label können eine Orientierung bieten, aber sie sollten nicht ersetzen, dass du dich intensiver mit einem Portfolio auseinandersetzt, denn diese entwickeln sich ständig weiter.

Von ESG-Ratings zu Temperatur-Scores

Der Vorteil von ESG-Ratings ist, dass sie die Risikobelastung von Unternehmen in verschiedenen Bereichen messen. Der Nachteil ist, wie wir gerade gesehen haben, dass es in der Regel bei dem Ergebnis nicht um den wirklichen Einfluss der Firma auf die Welt geht, auch wenn das oft so dargestellt wird, und dass es noch dazu substanzielle Unterschiede in der Bewertung der Firmen gibt. Das jeweilige Ergebnis ist schwammig, gerade weil in diesem die Bewertungen verschiedener Bereiche zusammenfließen und die Gewichtung variiert. Wenn MSCI Tesla 70 von 100 Punkten für ihre Nachhaltigkeitsperformance gibt und Exxon lediglich 30, dann wissen wir zwar, dass Tesla – und das auch nur laut MSCI – geringeren Umweltrisiken ausgesetzt sein könnte. Aber was wissen wir darüber, ob Teslas Strategie dazu beiträgt, unsere Klimaziele einzuhalten? Nur wenig bis gar nichts. Schlimmstenfalls verwirrt uns das Rating mehr, als es hilft.

Aus diesem Grund und um die Einschätzung des Einflusses einer Firma auf diesen Planeten zu vereinfachen und klarer zu gestalten, haben verschiedene Forschungsinstitute Ansätze entwickelt, um Firmen und Investmentfonds eine sogenannte «Temperaturmetrik» zu verpassen. Einfach gesagt, stecken sie dem Fonds ein Thermometer in den Mund und schauen, wie sehr sich die Welt erhitzen würde, wenn die gesamte Weltwirtschaft genauso emissionsintensiv wäre wie die Firmen in diesem Fonds.

Für «Save for the Planet» habe ich mit dem Finanzexperten Dr. Pablo Salas der Universität Cambridge zusammengearbeitet, um exemplarisch einen Temperatur-Score für die verschiedenen Fonds zu berechnen, die du in Teil III dieses Buches findest.

Der Vorteil einer Temperaturmetrik ist, dass man sofort erkennt, ob der bewertete Fonds mit den Pariser Klimaverträgen im Einklang steht oder nicht. Über 2 Grad heißt: zu heiß, der Fonds beinhaltet Firmen, durch welche sich das Klima auf deutlich über 2 Grad erhitzen wird. Unter 2 Grad: der Fonds steht im Einklang mit den Pariser Klimazielen. Wie du aus dem letzten Kapitel weißt, kann es aber trotzdem sinnvoll sein, in Fonds zu investieren, die eine Temperaturmetrik über 2 Grad haben, solange der Vermögensverwalter eine glaubhafte Strategie hat, Unternehmen langfristig auf einen 2-Grad-Kurs zu bekommen.

Der Ansatz wird in dem Report «Understanding the climate performance of investment funds. A universal temperature score method» im Detail dargelegt. Wenn du mathematisch versiert bist, sind alle Formeln im Report genau beschrieben. Die nächsten Seiten sind optional, du kannst diese auch gerne überspringen, falls dich die Details des Ansatzes nicht interessieren, wir erklären sie aber sehr einfach und nachvollziehbar.

Wie wir die Temperatur eines Fonds messen können

Der Ansatz besteht im Wesentlichen aus vier Schritten. Im ersten Schritt werden die Emissionen eines Fonds geschätzt. Im zweiten Schritt berechnen wir, was passieren würde, wenn die gesamte Weltwirtschaft wie dieses Portfolio aufgebaut wäre. Im dritten Schritt berechnen wir die Emissionen dieser fiktiven Weltwirtschaft bis ins Jahr 2100. Und im vierten Schritt berechnen wir, wie stark die Temperaturen steigen würden, wenn alle so wirtschafteten wie die Firmen in dem Portfolio.

In vier Schritten zur Fonds-Temperatur

Schritt 1: Wir berechnen die Emissionsintensität eines Portfolios

Wir verzeichnen und summieren zuerst die Emissionen, um uns ein umfassendes Bild davon zu machen, welchen Einfluss die Firmen unseres Portfolios durch ihre Tätigkeit auf den Klimawandel nehmen. Viele Firmen legen diese Daten mittlerweile offen, aber es gibt noch keine Pflicht, dies zu tun. Idealerweise umfasst das alle Emissionen, die eine Firma selbst, etwa durch Fabriken, in die Luft pustet (Scope 1), die durch den Stromverbrauch derselben in die Umwelt gelangen (Scope 2) und die bei der Benutzung des Produkts durch die Verbraucher:innen ausgestoßen werden (Scope 3). Da wir in den meisten Fällen nur Informationen über die Emissionen in Scope 1 und 2 haben, fokussieren wir uns auf diese.

Schritt 2: Wir prognostizieren, wie die Weltwirtschaft aussähe, wenn alle so viele Emissionen erzeugen würden wie die Unternehmen des betrachteten Portfolios

Um den globalen Temperaturanstieg simulieren zu können, berechnen wir, wie die globale Wirtschaft aussähe, wenn die ganze Welt so emissionsintensiv wäre wie die Unternehmen des betrachteten Portfolios. Wenn ein Portfolio lediglich aus IT-Firmen besteht, die einen geringen CO_2-Fußabdruck haben, dann wäre die Weltwirtschaft ähnlich emissionsarm. Wenn aber nur Ölunternehmen im Portfolio sind, dann würde sich die Weltwirtschaft umso mehr erhitzen. Dies ist selbstverständlich eine starke Vereinfachung, und der Ansatz kann durch modellierungsintensivere Schritte weiter ergänzt werden.

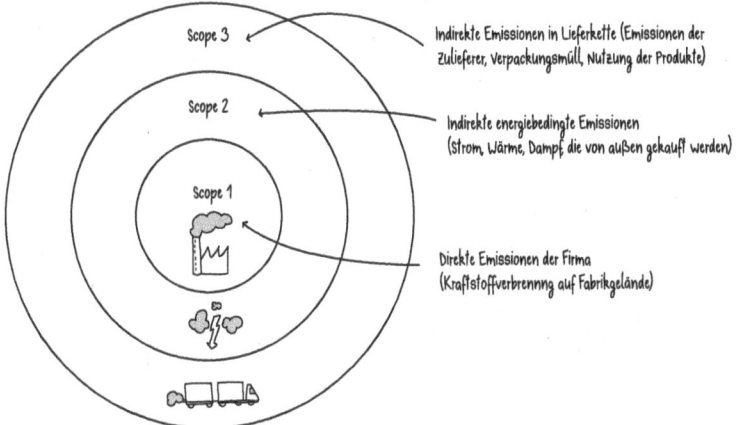

Die Emissionen von Firmen im Überblick

Schritt 3: Wir projizieren die CO_2-Emissionen des Portfolios bis in das Jahr 2100

Wir sind nicht nur an den aktuellen Emissionen eines Portfolios interessiert, sondern vor allem an den Emissionen über die Zeit. Deshalb projizieren wir diese in die

Zukunft bis ins Jahr 2100. Die Temperaturerwärmung bis 2100 zu berechnen, ist der wissenschaftliche Standard und wird in den großen Klimastudien regelmäßig angewandt. Wir nehmen dafür an, dass die Emissionen des Portfolios konstant bleiben. Auch wenn Firmen sich Ziele für die Zukunft setzen, basiert unser Ansatz auf tatsächlichen Emissionen und nicht auf Zielen, deren Erfüllung noch aussteht. Dieser Ansatz ist weniger risikoreich, als sich auf die Versprechungen der Firmen zu verlassen.

Schritt 4: Wir berechnen den globalen Temperaturanstieg, zu dem das Portfolio beiträgt

Wir benutzen dann die globalen CO_2-Emissionen, die durch die Unternehmen eines Portfolios bis 2100 angehäuft werden, um die globale Temperaturerhöhung zu berechnen. Um dies zu tun, greifen wir auf die lineare Beziehung zwischen den aufsummierten Emissionen und dem CO_2-Anstieg zu, der sich in den Reports des Weltklimarates findet.

Nur wenige Vermögensverwalter arbeiten mit einer Temperaturmetrik, um den Einfluss eines Portfolios auf das Klima zu berechnen. Diese Form der Bewertung wird hoffentlich auch zunehmend von Rating-Agenturen aufgegriffen, denn durch sie erfahren wir genauer, wie emissionsintensiv ein Portfolio wirklich ist.

Temperaturmetriken sind ein Anhaltspunkt für den Firmen- oder Portfolio-Impact. Sie sagen allerdings nichts darüber aus, was dein Impact als Investor:in ist.

Temperaturmetriken können dir trotzdem als erste Orientierungshilfe dienen, auch wenn sie nicht deine einzige Entscheidungsgrundlage sein sollten.

Für Eilige

Früher ging es bei verantwortungsvollem Investieren primär darum, Firmen auszuschließen, die bestimmten Werten – vor allem religiösen – nicht entsprachen. Das konnte etwa Tabak- oder Alkoholproduzenten betreffen oder den Boykott des Apartheid-Systems in Südafrika. In den letzten 30 Jahren fließen immer mehr Kriterien in die Bewertung von Unternehmen und Portfolios ein, der Fokus liegt dabei auf der Einhaltung von sozialen Standards, Umweltstandards und Unternehmensführung.

Die Bewertung, ob ein Unternehmen diese Standards erfüllt, obliegt privaten Rating-Firmen, die durch unterschiedliche Bewertungsstandards konträr ausfallen kann, also kaum als valide Entscheidungsgrundlage dienen sollte. Um eine eindeutigere Bewertungsgrundlage für die Nachhaltigkeit von Fonds und die enthaltenen Unternehmen zu schaffen, schlagen wir eine Temperaturbewertung vor. Wir erheben die Emissionsdaten für die Unternehmen eines Portfolios und berechnen die wahrscheinliche globale Erwärmung, wäre die Weltwirtschaft so emissionsintensiv wie das bewertete Portfolio selbst.

An dieser Temperaturmetrik lässt sich sofort ablesen, ob ein Fonds mit den Pariser Klimazielen, einer maximalen Erderwärmung von 2 Grad, im Einklang steht oder nicht. Aber Vorsicht: Während diese Methode eine Aussage über den Firmen- oder auch Portfolio-Impact trifft, sagt sie nichts über deinen Investor:innen-Impact aus.

Sind ESG-Labels also Greenwashing? ESG-Daten messen lediglich, inwiefern Firmen gewissen Risiken in Bezug auf Umwelt-, Sozial- und Unternehmensführungs-kriterien ausgesetzt sind. Sie messen aber nicht per se den Einfluss der Firma auf die Welt. Im Gegenteil: Sie messen das Risiko, dass etwas geschehen könnte, was den Gewinnen der Firma schadet. Zu vermitteln, ESG-Fonds würden etwas für die Nachhaltigkeit der Welt bewirken, ist irreführend. Labels, die den Investor:in-nen-Impact eines Fonds messen, sind hingegen sinn-voll. Eine Temperaturmetrik könnte ein erster Schritt in die richtige Richtung sein, kombiniert mit einer Strategie – wie zum Beispiel Active Engagement –, die Firmen eines Fonds dazu bewegt, einen 2-Grad-kom-patiblen Emissionspfad zu beschreiten.

Geldmythos 5: Ich habe als kleine:r Investor:in doch eh keinen Einfluss

Wenn du nach der Lektüre des letzten Kapitels etwas ernüchtert bist und dir denkst: Als kleine:r Investor:in habe ich doch nur wenig Einfluss, dann ist dieses Kapitel genau das Richtige für dich. In diesem Kapitel zeigen wir dir, dass es inzwischen Möglichkeiten gibt, wie du auch mit wenig Geld zu einem großen Impact beitragen kannst.

Ein Beispiel: Als ich kürzlich in unsere Küche kam, sagte Nina zu mir: «Riechst du das auch?» Der Übeltäter war schnell gefunden: unser Biomüll. Mandarinenschalen, Kaffeesatz und Essensreste hatten sich zu einer unerträglichen Geruchskombination vermischt. Ich brachte unsere grünen, triefenden Behälter runter zur Biotonne. Schon ein paar Tage später hatten wir wieder dasselbe Problem.

In vielen Ländern wird der Biomüll gar nicht getrennt, wodurch die Essensreste in Mülldeponien vor sich hinrotten und das potente Klimagas Methan entsteht. Genau diesem Problem wollten die Ingenieur:innen des kanadischen Start-ups Pela ein Ende setzen: Sie entwickelten einen Prototyp für einen Heimkomposter. Dieser Heimkomposter ist weiß, so groß wie ein Schuhkarton und kompostiert Biomüll in vier Stunden. Ein netter Nebeneffekt: der kompostierte Biomüll eignet sich prima für die häuslichen Pflanzen und verhindert, dass in Mülldeponien Methan entsteht.

Warum ich die Geschichte von Pela erzähle? Weil sie das Potenzial von Crowdfunding zeigt. Pela stellte das Projekt inklusive Werbevideo auf die Crowdfunding-Plattform Indiegogo und sammelte ganze 6,7 Millionen Dollar von kleinen Investor:innen ein, 100-mal mehr als ihr ursprüngliches Ziel. Die Privatinvestor:innen erhalten früher und günstiger als andere Zugriff auf das Produkt, auch wenn sie keinen Anteil der Firma besitzen. Man unterscheidet mittlerweile zwischen vier verschiedenen Crowdfunding-Typen:

- **Spendenbasiert:** Finanzierung für Individuen oder Projekte ohne klassisches Gewinnmotiv. Beispiel: die deutsche NGO Betterplace, über die Spenden für ein Projekt sammeln kann, wie etwa eine kleine Solaranlage in Kenia.
- **Belohnungsbasiert:** Finanzierung im Tausch gegen eine zukünftige Belohnung, wie Zugriff auf die ersten Produkte eines Start-ups. Beispiel: die amerikanische Crowdfunding-Plattform Indiegogo, über die das Start-up Pela finanziert wurde.
- **Fremdkapitalbasiert:** Vergabe von Darlehen an Start-ups. Diese werden über die Zeit zurückgezahlt. Beispiel: die deutsche Plattform Wattify, über die man in Erneuerbare-Energien-Projekte investieren kann.
- **Eigenkapitalbasiert:** Direktive Investition in Start-ups. Man erwirbt einen Teil des Unternehmens. Beispiel: die deutsche Crowdfunding-Plattform Companisto.

Neben diesen Crowd-Investment-Plattformen gibt es auch andere Firmen, etwa Vermögensverwalter, die das Geld vieler Privatinvestor:innen sammeln und investieren. Im Jahr 2017 waren die größten drei Vermögensverwalter – BlackRock, State Street und Vanguard – die größten Anteilseigner in rund 9 aus 10 amerikanischen Firmen, die im S&P 500 gelistet waren. Also: Gemeinsam haben Anleger:innen einen großen Einfluss, doch geben sie ihre Stimmrechte in der Regel an den jeweiligen Vermögensverwalter ab.

In diesem Kapitel geht es noch einmal um die beiden Hebel, die wir dir im Kapitel zu Geldmythos 3 nähergebracht haben und durch die du auch als kleine:r Investor:in mithilfe deines Geldes die Welt nachhaltiger gestalten kannst, genauer, wie du grünen Start-ups wie Pela dadurch Wachstum ermöglichst oder große braune Firmen dazu bringst, grüner zu werden.

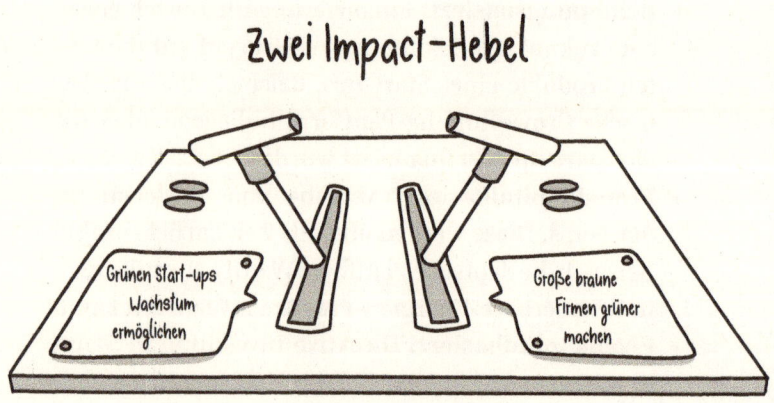

Die zwei Impact-Hebel

In diesem Kapitel erfährst du,

- wieso du auch als kleine:r Investor:in einen Einfluss auf Firmen ausüben kannst,
- welche Hebel dir dabei zur Verfügung stehen
- und welcher dieser Hebel besonders relevant für dich als kleine:r Investor:in ist.

Grünen Start-ups und Projekten Wachstum ermöglichen

Grüne Start-ups haben oft zwei Probleme: Erstens sind die Gründer:innen meist jung, haben wenig Kontakte, und es ist für sie deshalb schwer, an Geld zu kommen. Zweitens haben viele grüne Technologien lange Entwicklungszyklen, verschlingen viel Kapital, und der Ausgang des Projekts ist ungewiss. Die meisten Start-ups scheitern.

Impossible Foods ist ein Beispiel für ein grünes Start-up, das schon viele Menschen kennen. Patrick O. Brown, ein Biochemie-Professor der Universität Stanford, gründete dieses Start-up im Jahr 2011, um eine schmackhafte Alternative für Fleisch zu entwickeln. Wer sich noch an die ungenießbaren Tofu-Würste von früher erinnert, weiß, wieso diese Idee so großes Potenzial hat.

Im Jahr 2013 investierte der Microsoft-Gründer Bill Gates 25 Millionen Dollar in Impossible Foods und ebnete der Firma den Weg, mehr kluge Köpfe einzustellen und ihre Produkte weiterzuentwickeln. Mittlerweile gehört sie zu den bekanntesten Fleischersatzherstellern und beliefert sogar Burger King, die neuerdings in manchen

Filialen den sogenannten Impossible Whopper im Angebot haben.

Aber gibt es diese Möglichkeit für Start-up-Investitionen auch, wenn man nicht gerade Bill Gates ist? Dr. Julian Kölbel, mit dem ich über den Impact von grünen Anlagen sprach, berichtete mir von einem Investment, das er vor einigen Jahren in ein südostasiatisches Start-up getätigt hatte. «Das Start-up, in das ich investiert habe, stellt dezentrale Abwasserreinigungsanlagen her, die man zum Beispiel in Schulen einsetzen kann, um dort das Abwasser zu reinigen.» Laut Kölbel verbrauchen sie wenig Energie und sind sehr effektiv. Die Investitionsmöglichkeit kam über einen Club von Leuten zustande, die sich für Impact-Investment interessierten.

Mittlerweile gibt es aber auch eine Reihe von Crowdfunding-Plattformen, die es Privatinvestor:innen ermöglichen, direkt in Start-ups zu investieren. Auf der Plattform companisto.com kann man ab 250 Euro investieren. Dort findet man beispielsweise ein Start-up, welches Langzeitspeicherlösungen für Wasserstoff bereitstellt. Eine andere Plattform ist kickstarter.com, bei der eine Firma nur dann ein Funding erhält, wenn sie es über eine gewisse Finanzierungsschwelle schafft. «Der Impact als Investor:in ist in einem solchen Fall schon sehr klar. Da bist du kein Tropfen auf den heißen Stein», resümiert Kölbel in unserem Gespräch.

Generell sind Start-ups eine sehr riskante Anlageklasse, darum sollte man sich gut überlegen, wie viel man in diesem Bereich tatsächlich investieren möchte. Wenn man weniger risikoaffin ist, kann man sich die Mühe sparen, sich in diese Form von Investment einzuarbeiten.

Zudem kann es sein, dass Start-ups, die im Crowd-funding-Bereich landen, es nicht geschafft haben, über andere Quellen an Finanzierung zu kommen. Ökonomen bezeichnen das als «Adverse Selektion», also eine Negativauslese von Firmen. Das muss aber nicht sein. Manche Gründer:innen entscheiden sich bewusst gegen eine typische Finanzierung, um mehr Kontrolle über die Firma und Finanzierung zu behalten.

Hinzu kommt, dass Unternehmen, die stärker auf einen gesellschaftlichen Nutzen abzielen, nicht immer die typischen Renditeerwartungen eines Wagniskapitalgebers erfüllen können. «Gerade im Private-Equity-Bereich musst du rasante Wachstumsperspektiven bieten, damit du wettbewerbsfähig bist», sagt Kölbel. «Und das sind viele Social-Business-Models einfach nicht.»

Besonders wenn es darum geht, ein Produkt oder einen Service für sehr arme Menschen bereitzustellen, dann ist es schwierig, großes Wachstum zu erzielen. Auch hier können Online-Plattformen Abhilfe schaffen und die Finanzierung ermöglichen.

Aber es muss ja kein Start-up sein. Auch bestehende Firmen, die Erneuerbare-Energien-Projekte umsetzen, kommen manchmal nicht an das nötige Geld, um Projekte umzusetzen. Direkt vor der eigenen Haustür zu investieren, ist eine unterschätzte Möglichkeit und kann psychologisch gesehen sehr zufriedenstellend sein. «Mein Vater hat sich an Windrädern beteiligt», berichtet Kölbel. «Da gab es einige Pioniere auf der Schwäbischen Alb, bei uns in der Nähe, die wollten dort die ersten Windräder aufstellen.» Am Aktienmarkt hätte er sicherlich mehr Gewinn gemacht, aber mit seinem Investment habe sein Vater dazu beigetragen, dass diese Windräder realisiert werden konnten. Zunehmend sprießen Plattformen aus dem Boden, die das Investment in Erneuerbare-Energien-Projekte für Privatmenschen vereinfachen wollen, in Europa, aber auch global. «Mit unserer Plattform versuchen wir, zwei Grundprobleme der Energiewende zu adressieren», sagt Philip Berntsen, 31, Gründer des Schweizer SaaS(Software as a Service)-Start-ups Frigg. «Diese sind mangelnde Finanzierung und Transparenz.» Frigg hilft den Entwicklern, die Anteile erneuerbarer Anlagen in kleine Teile aufzuteilen, die Tokens genannt werden. «Früher standen solche Investments nur reichen Menschen und institutionellen Investoren zur Verfügung», sagt Berntsen. Durch die Tokenisierung lassen sich auch kleine Beträge von wenigen Euro in Erneuerbare-Energien-Projekte investieren, sodass diese auch für Anleger:innen mit schmaler Geldbörse interessant werden. Mit jedem Token wird man an den finanziellen Gewinnen des Projekts beteiligt. Durch Sensoren am Kraftwerk lassen sich der erzeugte grüne Strom und die vermiedenen Emissionen nachverfolgen. Transparenz ist Frigg sehr wichtig, Berntsen führt während unseres Gesprächs ein paar Klicks auf seinem Bildschirm aus und zeigt mir die Webcams eines Wasserkraftwerks in Ruanda, in das man investieren kann. Selbst in den Kontrollraum hat man Einblick.

In vielen Entwicklungs- und Schwellenländern ist die fehlende Finanzierung für Erneuerbare-Energien-Projekte tatsächlich ein Problem. Das bayrische FinTech-Start-up Wattify bietet einen ähnlichen Service für europäische Erneuerbare-Energien-Projekte an, etwa im Solarbereich. Ich frage Moritz Wickert von Wattify, ob er glaubt, dass in Europa mangelnde Finanzierung ein Problem ist. Dies ist eine wichtige Frage, denn wenn mangelnde Finanzierung kein Problem ist, dann würde diese Art der Massenbeteiligung über Tokens keinen Mehrwert bringen und wäre durch die Blockchain-Technologie, welche die digitalen Transkationen möglich macht, zudem ein Energiefresser.

«Geld gibt es genug im Markt, aber viele Projekte sind entweder zu klein, haben zu lange Vorlaufzeiten oder treffen nicht die Gewinnerwartungen von traditionellen Investor:innen.» Genau hier setzt Wattify an, sagt Wickert. «Unsere Blockchain speist sich zudem direkt aus unseren angeschlossenen Solarfeldern.» Dadurch löst Wattify einen der aktuell größten Diskussionspunkte von Blockchain und Digitalwährungen – die Emissionen durch den hohen Energieverbrauch.

Neben grünen Start-ups und Erneuerbare-Energien-Projekten gibt es noch eine weitere nachhaltige Investitionsmöglichkeit. «Das größte Investment für viele kleine Privatinvestor:innen ist das eigene Haus», sagt Julian Kölbel. «Neue Fenster, eine Solaranlage, das sind Investments, die vielleicht nicht so hohe Rendite bringen wie ein Aktieninvestment, aber du hast einen recht klaren Beitrag geleistet, den du sehen und fühlen kannst.» Mittlerweile gibt es über Anbieter wie zum Beispiel Enpal die Möglichkeit, unkompliziert und kostengünstig an eine Solaranlage für das eigene Hausdach zu kommen. Selbst wenn sich ein solches Vor-Ort-Investment finanziell weniger rechnet als eines an der Börse, dafür kann man sich jedes Mal daran freuen, persönlich zur Energiewende beizutragen, und im Angesicht steigender Strompreise rechnet sich die Investition in jedem Fall.

Also: Investitionen in grüne Start-ups und Projekte sind für kleine Investor:innen einfacher geworden, aber dennoch ist diese Form der Investition mit Risiken verbunden. Diese jungen Unternehmen und Projekte brauchen dein Geld wirklich, deshalb ist hier der mögliche Impact besonders groß. Neue Internet-Plattformen, wie Frigg, Wattify oder Companisto, ermöglichen dir direkte Investitionen in grüne Start-ups und Projekte. Weiterführende Informationen hierzu findest du in Teil III des Buchs und in den Quellen.

Große braune Firmen grüner machen

Der zweite Impact-Hebel, den Kölbel in unserem Gespräch anführt, setzte an einer anderen Stelle an: Wie kann man große braune Firmen wie Exxon Mobil grüner machen? Um das zu erreichen, gibt es verschiedene Möglichkeiten, über die auch kleine Anleger:innen ihren Einfluss geltend machen können. Du erinnerst dich gewiss noch: Es handelt sich dabei erstens um die Ausübung von Stimmrechten und zweitens um die Ausübung von öffentlichem Druck. Wir fügen hier noch eine weitere Möglichkeit an: Mischansätze. Sehen wir uns diese Möglichkeiten genauer an. Eignen sie sich auch für kleine Investor:innen?

Die eigenen Stimmrechte geltend machen

Viele Menschen, die über ihre Bank in Fonds investieren, halten Anteile an großen Firmen. Diese Fonds sind in der Regel sogenannte Exchange Traded Funds (ETFs). Ein ETF, oder auch Indexfonds, ist ein an der Börse gehandelter Fonds. Da der Fonds an der Börse gehandelt wird, kann man Anteile daran jederzeit verkaufen – anders als bei Start-ups.

Fonds dieser Art kaufen in der Regel eine breite Palette von Aktien und anderer Vermögenswerte mit dem Ziel, gute Rendite zu erzielen und das Risiko breit zu streuen. Sie orientieren sich dabei normalerweise an einer Liste von Unternehmen – oder einem Index – wie dem deutschen DAX. Der DAX bildet die Wertentwicklung der größten 40 deutschen Unternehmen ab und kann somit als eine Art Thermometer der deutschen Wirtschaft gelesen werden. In den USA gibt es andere Indizes. Der wichtigste ist der S&P 500, in dem die 505 wichtigsten amerikanischen Unternehmen gelistet sind, wie zum Beispiel Apple und Microsoft.

Da es für Privatinvestor:innen sehr aufwendig wäre, alle 505 Aktien im S&P 500 zu kaufen, kannst du dir einfach einen ETF ordern, der die Wertentwicklung der Firmen im S&P 500 abbildet. Sonst müsstest du 505 verschiedene Firmen raussuchen und einzeln Aktien davon kaufen. Ein weiterer Vorteil ist die breite Streuung, die selbst bei wenig investiertem Kapital gegeben ist. Eine breite Streuung ist nicht nur für kleine Investor:innen von Vorteil, denn es ist normalerweise schwierig, zu wissen, welche Firmen die größten Gewinne oder auch

Verluste einfahren werden. Zwischen 1926 und 2016 waren es nur rund 4 Prozent der amerikanischen Firmen, die für das Wachstum im amerikanischen Aktienmarkt sorgten. Diese 4 Prozent im Vorhinein zu identifizieren, ist praktisch unmöglich, deshalb lohnt es sich im übertragenen Sinne, auf viele Pferde gleichzeitig zu setzen.

In den meisten ETFs, sogar in den «nachhaltigen» ETFs stecken oft auch braune Firmen, wie Exxon Mobil. Exxon gehört zu einem der wertvollsten amerikanischen Unternehmen und ist somit im S&P 500 vertreten. Wenn du einen ETF kaufst, gehören dir kleine Teile vieler Unternehmen. Diese Aktien räumen dir zwei Rechte ein: Vermögens- und Verwaltungsrechte.

Vermögensrechte beteiligen Investor:innen am finanziellen Erfolg der Firma. Dies geschieht beispielsweise über eine Dividendenausschüttung, also eine Gewinnbeteiligung, die an jede:n Investor:in ausgezahlt wird. So weit, so gut. Was aber mit den Verwaltungsrechten gemeint ist, das wissen nur die wenigsten, und deshalb sehen wir uns das mal genauer an.

Das bedeutendste Verwaltungsrecht ist das Stimmrecht, das in nahezu allen Aktien enthalten ist. Eine Ausnahme davon bilden Vorzugsaktien, mit deren Erwerb zwar kein Stimmrecht einhergeht, dafür aber meist ein höherer Gewinn. Man könnte auch sagen: Verwaltungsrechte sind das Recht eines Aktionärs oder einer Aktionärin, die Geschicke eines Unternehmens zu beeinflussen. In dieser Hinsicht sind die Aktionär:innen wie die Bürger:innen in einer Demokratie, nur dass ihre Stimmen nach den Anteilen gewichtet werden, die sie halten.

Dies geschieht zum Beispiel auf der jährlich stattfindenden Hauptversammlung des Unternehmens oder dem Annual General Meeting (AGM). Auf der Hauptversammlung fällen die Aktionär:innen wichtige Entscheidungen, etwa über die Verwendung des Unternehmensgewinns und die Besetzung des Aufsichtsrats. Die genauen Rechte unterscheiden sich aber von Land zu Land.

Investierst du dein Geld über einen großen Vermögensverwalter wie BlackRock, etwa über einen der iShares ETFs, trittst du dein Stimmrecht ab. Und zwar an BlackRock oder den jeweiligen Vermögensverwalter. Das heißt, dass du mit der Wahl des Vermögensverwalters ein Unternehmen wie BlackRock befähigst, in deinem Namen Entscheidungen bei der Hauptversammlung zu fällen.

Jüngere Analysen zeigen, dass viele Vermögensverwalter gegen die meisten Umwelt- und Klimavorschläge stimmen, die in der Hauptversammlung eingebracht werden. In einem Forschungspapier aus dem Jahr 2021 zeigen die Autor:innen, dass dies im besonderen Maße für die drei größten Vermögensverwalter BlackRock (mit ihrer ETF-Marke iShares), Vanguard und State Street gilt. Im Jahr 2018 votierten diese drei nur für rund 25 Prozent der eingebrachten Klima- und Umweltvorschläge. Der Schnitt unter allen Vermögensverwaltern lag bei 38 Prozent, bei allen gab es somit deutlich Luft nach oben. Auch im Jahr 2021 blieben alle drei hinter dem Durchschnitt zurück.

Die NGO ShareAction beschreibt einen Fall bei der Hauptversammlung des französischen Ölgiganten Total. Im April 2020 brachte eine kleine Gruppe klimaaffiner Investoren einen Vorschlag ein, dass Total verbindliche Ziele für die Erreichung der Pariser Klimaziele verabschieden solle. Noch vor der Aktionärsversammlung veröffentlichte Total Ziele, um den aktivistischen Investoren den Wind aus den Segeln zu nehmen.

Zwar blieben Totals Klimaziele hinter dem Vorschlag der Investoren zurück, den Aktionär:innen genügten aber auch die abgeschwächten Ziele. Zu viel Ambition sei auch nicht gut, so der Tenor. Die Investor:innen stimmten trotzdem über die ambitionierteren Ziele ab: Rund 17 Prozent stimmten für den Vorschlag, 83 Prozent dagegen. Total muss sich seither an die weniger hochgesteckten Ziele halten, aber nicht an die strengeren Klimaziele, die einige Investor:innen gefordert hatten.

Du siehst also, dass das Abstimmungsverhalten eines Vermögensverwalters wie BlackRock einen Einfluss auf die Klima- und Umweltstrategie von Firmen hat. Solltest du über einen ETF investieren wollen, gibst du mit der Wahl deines Vermögensverwalters deine Stimme für oder gegen Umweltvorschläge.

ShareAction hat das Abstimmungsverhalten im Falle von 146 Resolutionen im Jahre 2021 analysiert. In der Grafik auf Seite 105 siehst du das Abstimmungsverhalten verschiedener Vermögensverwalter zu Klimavorschlägen. Bevor du in einen ETF investierst, schau dir das Abstimmungsverhalten unbedingt an. BlackRock und State Street schneiden dabei besonders schlecht ab. Andere ETF-Anbieter, wie beispielsweise Amundi, schneiden besonders gut ab. Also: Hier kommt es wirklich auf die Institution an.

«Ich würde gerne in einen breit angelegten Fonds investieren, der sich aktiv bei den sehr dreckigen Playern einbringt», sagt Kölbel. Der Investmentfonds Engine

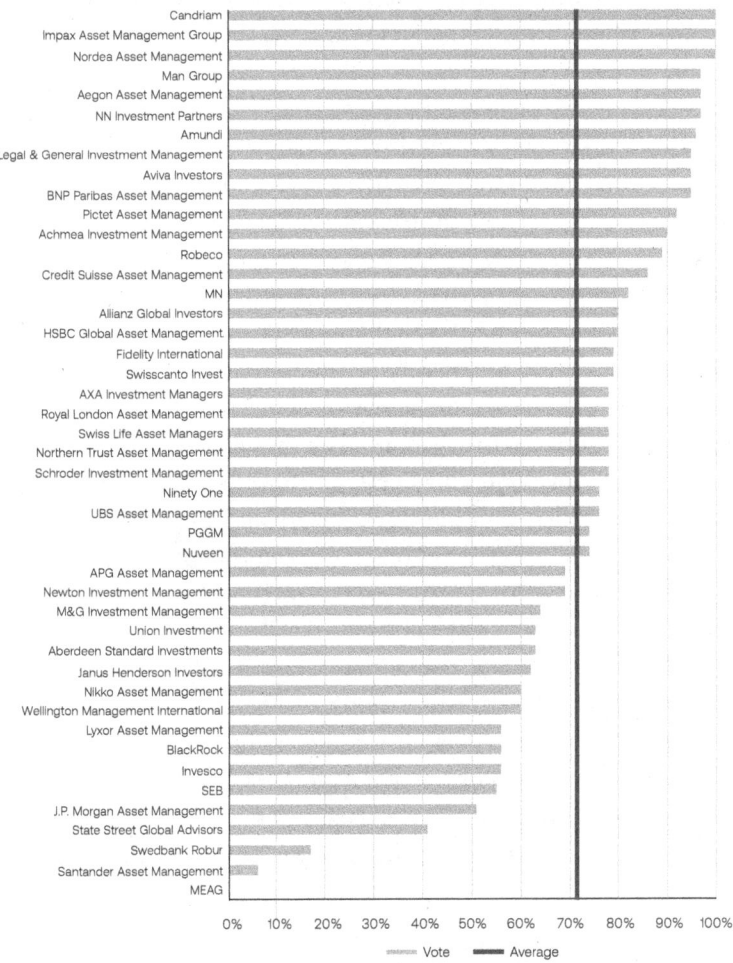

| | 0% | 10% | 20% | 30% | 40% | 50% | 60% | 70% | 80% | 90% | 100% |

Candriam
Impax Asset Management Group
Nordea Asset Management
Man Group
Aegon Asset Management
NN Investment Partners
Amundi
Legal & General Investment Management
Aviva Investors
BNP Paribas Asset Management
Pictet Asset Management
Achmea Investment Management
Robeco
Credit Suisse Asset Management
MN
Allianz Global Investors
HSBC Global Asset Management
Fidelity International
Swisscanto Invest
AXA Investment Managers
Royal London Asset Management
Swiss Life Asset Managers
Northern Trust Asset Management
Schroder Investment Management
Ninety One
UBS Asset Management
PGGM
Nuveen
APG Asset Management
Newton Investment Management
M&G Investment Management
Union Investment
Aberdeen Standard Investments
Janus Henderson Investors
Nikko Asset Management
Wellington Management International
Lyxor Asset Management
BlackRock
Invesco
SEB
J.P. Morgan Asset Management
State Street Global Advisors
Swedbank Robur
Santander Asset Management
MEAG

Vote ▬▬ Average

Der Anteil der Ja-Stimmen verschiedener
Vermögensverwalter für Klimaresolutionen im Jahr 2021

No. 1 hat zum Beispiel einen ETF aufgesetzt, der genau das machen soll. Er heißt VOTE. Der ETF wird aktuell nur in den USA gehandelt, sollte aber mit der Zeit auch an Europas Börsen gehandelt werden.

Ein Investment in einen Fonds, der Anteile an den großen Ölfirmen der Welt hält, könnte also tatsächlich einen Impact auf die Nachhaltigkeit dieser Unternehmen haben. Das ist aber nur dann der Fall, wenn die Vermögensverwaltungen durch aktives Engagement und das entsprechende Abstimmungsverhalten auf die Strategie dieser Firmen Einfluss nehmen. Wie es funktionieren kann, hat Engine No. 1 mit Exxon schon vorgemacht. Obwohl dein Impact durch ein Investment in einen solchen «braunen» Fonds an der Seite eines grün gestimmten Vermögensverwalters also deutlich stärker wäre als ein Investment in vermeintlich «grüne» Fonds, werden ebendiese beworben, wenn es um nachhaltiges Investment geht.

Klimabewusste Anleger:innen lassen daher eher die Finger von braunen Fonds oder ziehen sich aus diesen Geschäften zurück, was wiederum dazu führen kann, dass diese im Zweifelsfall weniger klimabewussten Investor:innen in den Schoß fallen. Und die haben kein Interesse daran, eine Firma dazu zu bewegen, grüner zu werden. «Wenn man alle dazu zwingt, ein Saubermann-Portfolio zu haben, dann steht das der Idee von gradueller Veränderung entgegen. Die Firmen, die schon grün sind, wie soll man die noch grüner machen? Zumindest substanziell grüner?», fragt Kölbel. Deshalb ist die Ausübung von Stimmrechten besonders bei Firmen sinnvoll, bei denen es in Nachhaltigkeitsaspekten noch deutlich Luft nach oben gibt.

Also: Da Vermögensverwalter das Geld vieler Leute sammeln und investieren, haben diese zusammen einen großen Einfluss auf das Abstimmungsverhalten bei der Hauptversammlung.

Divestment – Aktien brauner Firmen boykottieren

Divestment, also investiertes Geld aus umstrittenen Industrien abzuziehen, ist mittlerweile in aller Munde. An den meisten Universitäten, an denen ich bisher gearbeitet habe, gab es einen lokalen Ableger der Divestment-Kampagne. Divestment hat eine lange Geschichte. In den 60er-Jahren formierte sich beispielsweise während des Vietnamkriegs eine Studierendenbewegung, die Druck auf Universitäten ausübte, nicht mehr in Waffenkonzerne zu investieren.

Ein Zweig der Divestment-Bewegung ist laut der Universität Oxford schneller gewachsen als jeder andere: Divestment aus fossilen Energien. Im Jahr 2011 waren es nur eine Handvoll kleiner amerikanischer Universitäten, die Divestment vorantrieben. Im Jahr 2014 kam dann die prestigeträchtige Universität Stanford dazu, später auch europäische Universitäten, wie etwa Cambridge.

Die Bewegung blieb aber nicht auf Universitäten beschränkt. Im Gegenteil: Sie sprang über auf eine Reihe von großen Investoren, wie Europas größtem Pensionsfonds ABP, der kurz vor der Klimakonferenz 2021 in Glasgow verkündete, aus fossilen Brennstoffen auszusteigen. Mittlerweile haben laut divestmentdatabase.org mehr als 1500 Organisationen angekündigt, aus fossilen Brennstoffen aussteigen zu wollen. Sie verwalten zusammen rund 40 Billionen investiertes Kapital. Dazu gehört selbst der Fonds der mächtigen Ölfamilie Rockefeller.

Als ich das erste Mal von der Fossil-Fuel-Divestment-Kampagne hörte, war ich begeistert. Befürworter der Kampagnen argumentieren, dass es gar nicht so schwierig ist, die Welt zum Besseren zu verändern: Um die 90 Firmen sind für rund $2/3$ der globalen Treibhausgase verantwortlich. Zwingt man große Investoren, Anteile an Firmen – wie zum Beispiel Exxon – zu verkaufen, sinke der Aktienpreis dieser Firmen. Dies wiederum führe dazu, dass es für diese Firmen schwieriger und teurer werde, an Geld zu kommen, um ihre Produktion auszuweiten. So weit die Theorie.

Bei einem Treffen der Effective Altruism Community in Cambridge äußerte ein Kommilitone dann aber kritische Worte: «Das bringt gar nichts. Wir fühlen uns besser, aber der Umwelt ist damit nicht geholfen.» Gegner:innen der Divestment-Kampagne kritisieren, dass die Theorie, es werde durch Divestment teurer für braune Firmen, an Geld zu gelangen, schlichtweg nicht von Studienergebnissen gestützt wird.

In einem kürzlich erschienenen Forschungspapier «The Impact of Impact Investing» resümieren die Studienautoren der Universitäten Pennsylvania und Stanford: «Trotz der wachsenden Popularität von Impact Investing in den letzten 10 Jahren finden wir keinen erkennbaren Unterschied in den Kapitalkosten zwischen [grünen und braunen] Unternehmen.» Ihre Berechnungen legen nahe, dass, selbst wenn große Teile des Marktes an einer Divestment-Kampagne teilnähmen, der Effekt auf die Kapitalkosten von braunen Unternehmen klein wäre. Einer der Studienautoren, van Binsbergen, erklärt in einem Interview, dass 85 Prozent der Marktteilnehmer:innen ihre braunen Aktien verkaufen müssten, bevor die Kapitalkosten von braunen Firmen um 1 Prozent stiegen. Ein Prozent ist nicht viel. Wenn du ein Haus bauen willst und die Bank von dir 1 Prozent mehr verlangt, tut das zwar weh, wird dich aber vermutlich nicht davon abbringen, dieses Haus zu bauen.

Eine Divestment-Kampagne kann sogar nach hinten losgehen, wenn die Aktien von weniger umweltbewussten Investor:innen aufgekauft werden. Denn solange es glaubwürdige Gewinnerwartungen seitens der Ölfirmen gibt, beispielsweise weil sie keinerlei Klimaregulierungen unterliegen, dann ist es nicht verwunderlich, dass weniger umweltaffine Investor:innen bei einem sinkenden Aktienkurs eine lukrative Investitionsmöglichkeit sehen.

Die direkten Effekte von Divestment auf die Nachhaltigkeitsorientierung von Firmen sind dementsprechend gering, möglicherweise sogar negativ. Wie sieht es mit indirekten Effekten aus?

Die kanadische Schriftstellerin und Aktivistin Naomi Klein schreibt, es gehe bei der Praxis des Divestments auch um die «Delegitimierung» der Kohle- und Gasindustrie. Diese Firmen kommen durch den Druck von außen vielleicht nicht schwerer an Geld, dafür aber schwerer an schlaue Köpfe. Schon heute versucht die britische Ölfirma British Petroleum (BP) dem entgegenzuwirken und Studierende durch Stipendien an sich zu ziehen. Und bei hippen Unternehmen schuften junge Menschen auch ohne viel Urlaub. Bei einer Umfrage unter 33 000 Arbeiter:innen in der Öl- und Gasindustrie gaben 90 Prozent der Befragten an, dass ein Fachkräftemangel die Produktivität jener Firmen tatsächlich aktuell reduziert.

Dass der Verkauf von Aktien brauner Firmen den Aktienpreis langfristig belastet und damit vermittelt auch die jeweiligen Unternehmen, lässt sich empirisch kaum nachweisen. Der indirekte Einfluss dieser Strategie scheint hingegen wirksamer zu sein. So erhöht sich durch Divestment-Forderungen vermittelt auch der politische Druck, und fossile Industrien erfahren eine Delegitimierung. Als kleine:r Investor:in ist dein Impact über diesen Kanal aber eher begrenzt, denn selbst wenn viele Menschen ihre Anteile an braunen Firmen verkaufen, ist der Einfluss vermutlich überschaubar.

Öffentlich Druck auf braune Firmen ausüben

Wie viele Millionen Follower hast du bei Instagram oder Twitter? Vermutlich hast du, wie die meisten Menschen, keine riesige Reichweite und sitzt damit nicht unbedingt am längsten Hebel, um nennenswerten Druck auf fossile Firmen auszuüben. Es gibt aber Organisationen, die das Geld vieler Menschen einsammeln, um öffentlichkeitswirksam für mehr Klimaschutz zu werben.

Es ist also eine potenziell wirksame Möglichkeit, einen Teil deines erwirtschafteten Investitionsgewinns an einen Thinktank oder eine NGO zu spenden, der oder die sich für wirksame Klimapolitik starkmacht. Die Idee entstammt der Effektiven-Altruismus-Bewegung, ein Zusammenschluss vieler Menschen, deren Kernfrage lautet: Wie können wir in der Welt so viel Gutes wie möglich tun?

So könntest du beispielsweise Teile der Erträge aus einem breit gestreuten Fonds, der von einem klimafreundlichen Vermögensverwalter gemanagt wird, an sehr effektive NGOs weiterleiten, die mithilfe dieser Mittel politische Veränderung vorantreiben und sich beispielsweise für die Einführung eines höheren CO_2-Preises einsetzen. Falls dich dieser Weg interessiert, schau doch mal auf www.givinggreen.earth vorbei, wo transparent und wissenschaftlich nachvollziehbar verschiedene Ansätze des effektiven Spendens im nachhaltigen Bereich besprochen werden. Zudem findest du in Teil III dieses Buches weitere NGOs, die ausschließlich im Finanzbereich aktiv sind.

Mit dieser Strategie trägst du dazu bei, dass von außen regulatorische Maßnahmen ergriffen werden. Du befähigst mithilfe deines Geldes andere Institutionen, sich über Lobbyarbeit effektiver für grüne Themen einzusetzen. Wenn das viele Menschen machen, dann ist auch hier dein Einfluss als kleine:r Investor:in potenziell groß.

Mischansätze

Laut Julian Kölbel kann man bei braunen Firmen aber auch einen Mischansatz fahren. «Ein Fonds könnte sagen: Wir haben die folgenden Kriterien, da müsst ihr euch verbessern. Wenn ihr euch in drei Jahren nicht verbessert, dann steigen wir öffentlichkeitswirksam aus.» Dieser Ansatz kombiniert die vorgestellten Möglichkeiten: Ausübung der Stimmrechte, Aktien brauner Firmen boykottieren und öffentlich Druck ausüben.

Für Vermögensverwalter ist es schwierig, Fonds anzubieten, welche diesen Mischansatz umsetzen. Denn ein solcher Fonds müsste notwendigerweise auch viele CO_2-intensive Firmen im Portfolio führen, und es ist dementsprechend schwierig, zu vermitteln, warum er dennoch oder gerade deshalb nachhaltig sein kann. Trotzdem gibt es erste Vorstöße, an denen sich ein solcher «Transformations-Fonds» orientieren könnte.

«Es gibt ein paar Initiativen, die inzwischen klare Kriterien für ein solches Engagement definieren», sagt Kölbel. «Zum Beispiel Climate Action 100+.» Dieser Zusammenschluss großer Investoren zielt direkt auf die 167 größten Emittenten weltweit ab, die mehr als 80 Prozent der globalen Treibhausgase ausstoßen. Unter diesen Großemittenten sind Airlines wie Air France, Autobauer wie BMW und selbst ein Fonds wie Berkshire Hathaway des Milliardärs Warren Buffett.

Die drei wichtigsten Active-Engagement-Ziele von Climate Action 100+ sind:

- **Offenlegung** der Klimarisiken entlang der Kriterien der weltweit anerkannten Standards der Task Force on Climate-Related Disclosures,
- **Reduktion** der CO_2-Emissionen entlang der Wertschöpfungskette in Übereinstimmung mit den Pariser Klimazielen,
- **Erstellung eines Governance Framework**, welches die Verantwortung und Rolle des Vorstands in der Adressierung der Klimarisiken definiert.

Ein Fonds könnte sich an Kriterien wie denen von Climate Action 100+ orientieren, klare Ziele mit den Firmen vereinbaren und diese – sollten sie keine Fortschritte machen – öffentlichkeitswirksam aus dem Fonds entfernen.

Das Resümee: Es gibt auch für Privatinvestor:innen mit schmalem Budget eine Reihe wirkungsvoller Investitionsmöglichkeiten. Nachhaltigen Start-ups oder Projekten Wachstum zu ermöglichen, ist dabei ein wichtiger Hebel.

Moritz Wickert von Wattify gründete vor fast einer Dekade schon einmal ein Unternehmen, das nachhaltiges Crowdinvesting anbot. Damals funktionierte es nicht. In unserem Gespräch ist er deutlich optimistischer: «Der Markt ist heute ein ganz anderer und die Technologie viel weiter. Damals war Crowdinvesting noch ein Nischenthema.»

Besonders Start-ups sind jedoch eine Hochrisiko-Anlageklasse, du solltest dir also gut überlegen, ob du dein Geld auf diese Weise investieren möchtest.

Große braune Firmen etwas nachhaltiger zu machen, ist ein weiterer wichtiger Hebel. Große Vermögensverwalter sammeln das Geld vieler Investor:innen und investieren es. Suchst du dir einen Vermögensverwalter, wie Amundi, der dein Stimmrecht für mehr Klimaschutz einsetzt, und glaubhaft Engagament-Ziele wie von Climate Action 100+ verfolgt, kann das – obwohl man als Einzelner wenig Einfluss hat – die Welt nachhaltiger machen. Dein Geld aus braunen Firmen abzuziehen – also Divestment –, ist vermutlich nicht sehr wirkungsvoll. Spendet man Teile seines Geldes an sehr effektive Klimaschutzorganisationen, kann der Einfluss noch mal deutlich größer sein, selbst bei kleinen Beträgen.

Für Eilige

Es gibt zwei wichtige Hebel, durch die du die Welt mithilfe deines Geldes auch als Investor:in mit schmalem Budget effektiv nachhaltiger machen kannst:

Der erste sind Investitionen in grüne Start-ups oder auch in Projekte über Plattformen wie Companisto oder Kick-Starter sowie in kleine Projekte in Entwicklungs- und Schwellenländern, etwa über die Mikrofinanzplattform Frigg. Das ist aber sehr risikoreich, auch deshalb, weil sich auf solchen Plattformen ein Effekt namens «Adverser Selektion» einstellen kann. In einem solchen Fall tummeln sich dort überwiegend solche Firmen, die aufgrund eines wenig erfolgversprechenden Geschäftsmodells anderweitig keine Finanzierung erhalten haben.

Über den zweiten Hebel versucht man, braune Firmen zu mehr Nachhaltigkeit zu bewegen. Die nachgewiesen beste Möglichkeit, dies durchzusetzen, ist das sogenannte aktive Engagement: Vermögensverwalter wirken auf Firmen ein, zum Beispiel indem sie bei Abstimmungen auf Hauptversammlungen ihre bzw. deine Stimme für nachhaltige Ziele einsetzen. Auch Geld aus dreckigen Aktien zu ziehen, kann ein politisches Signal senden, aber ob diese Strategie wirklich effektiv zur Veränderung beiträgt, ist fraglich. Man nennt diese Praxis: Divestment.

Ebenfalls als zielführend erwiesen hat es sich, Teile der eigenen Gewinne aus einem beispielsweise breit gestreuten Fonds von Vermögensverwaltungen mit nachgewiesen grünem Abstimmungsverhalten an NGOs zu spenden, die öffentlichkeitswirksam Druck auf politische Entscheidungsträger ausüben und so schneller einen Wandel herbeiführen können als ein einzelner oder eine einzelne Privatanleger:in. Auch als kleine:r Investor:in kannst du deinen Einfluss also geltend machen.

TEIL II: ENTWICKLE DEINE PERSÖNLICHE ANLAGESTRATEGIE

*«Die Blumen des Frühlings sind die Träume
des Winters.»*

Khalil Gibran

Im ersten Teil dieses Buches hast du einen Einblick gewonnen, wie unser Finanzsystem im Hinblick auf Nachhaltigkeit aufgestellt ist. Im zweiten Teil geht es um dich: Wie willst du dich in diesem System positionieren, und welche finanzielle Strategie passt zu dir?

Finanzen sind eine grundlegend individuelle Angelegenheit. Sie sind schlicht und ergreifend dazu da, um uns das Leben zu ermöglichen, das wir leben möchten. Von Lebenserhaltendem wie Essen, Wärme und Unterkunft bis hin zu der Erfüllung exklusiver Träume: All das kostet Geld. Natürlich sind die besten Dinge im Leben diejenigen, für die man nichts zahlt. Bob Dylan sagte dazu einmal: «Was bedeutet schon Geld? Ein Mensch ist erfolgreich, wenn er zwischen Aufstehen und Schlafengehen das tut, was ihm gefällt.» Wir wissen – und das spätestens seit der MasterCard-Werbung –, es gibt Dinge, die kann man nicht kaufen.

Um allerdings genau das tun zu können, was dir gefällt, um die Zeit zu haben, dem nachzugehen und gleichzeitig den Planeten mit den eigenen Wünschen und Zielen nicht zu belasten, brauchst du den passenden Geldbeutel. Und «passend» bedeutet hier nicht, dass es gilt, Reichtümer anzuhäufen, sondern es geht schlicht darum, eine schlaue Strategie aufzustellen, die dir die Sicherheit, die Freiheit und den Komfort ermöglicht, den du dir wünschst. Wenn du dich zu den gut ausgebildeten und gesunden Menschen aus einem Industriestaat wie Deutschland zählst, steht dir die Möglichkeit einer individualisierten Finanzstrategie offen.

Wie findest du also eine Strategie, die zu dir, deinen Plänen und Wünschen passt? Bevor du dir konkrete Anlageprodukte zulegst, ist eine persönliche Inventur angesagt. Die relevanten Fragen dabei sind: Was soll dir dein Geld ermöglichen? Und: Gibt es etwas, das dich in deinem Umgang mit Geld einschränkt? In den folgenden Kapiteln zeigen wir dir Wege, Antworten auf diese Fragen zu finden. Was sind die Ziele, Träume und Werte, die du mithilfe deiner Finanzen verwirklichen und leben möchtest? Gibt es hinderliche Glaubenssätze und finanzielle Gewohnheiten, die dich davon abhalten, unbefangen einen Finanzplan aufzustellen?

Danach stellen wir dir vier nachhaltige Investitionstypen vor. Je nachdem, welchem dieser Finanztypen du dich zuordnest, kannst du in Teil III die für dich passenden Schritte und Finanzprodukte für dein persönliches Portfolio auswählen.

Und wie immer: Dieses Buch darf modular gelesen werden – suche dir also das heraus, was dir am meisten hilft, und überspringe das, was für dich keine neuen Antworten bereithält. Ob du dich an deine persönliche Inventur heranwagst oder nicht – versuche zu verinnerlichen: Geld ist vor allem eines: Mittel zum Zweck. Für eine erfolgreiche Finanzstrategie ist es elementar, dass du weißt, welchen Zweck dein Geld für dich erfüllen soll. Es geht hier um *dich, deine* persönlichen Ziele und *deinen* Einfluss, den du auf die Welt haben möchtest. Damit dein Geld in deinem Sinne arbeitet, ist es sinnvoll, dich selbst ein wenig besser kennenzulernen. Trau dich!

Schritt 1: Definiere deine Ziele

Finanzen wirken oft wie ein «lebloses» Thema, aber eigentlich sind sie genau das Gegenteil: Sie sind das, was unser Leben oft erst möglich macht und im besten Fall unsere Träume Wirklichkeit werden lässt. Natürlich trifft das, wie oben erwähnt, nicht auf jeden Aspekt des Lebens und jeden Traum zu – aber ich glaube, du weißt, worauf ich hinausmöchte.

Finanzen sind außerdem eine langfristige Angelegenheit. Sich nur mal kurz damit beschäftigen, das reicht leider, leider nicht aus. Du kennst das sicher: Um langfristig an etwas dranzubleiben, gilt es, regelmäßig den eigenen Schweinehund zu überwinden und aktiv zu werden. Und damit das leichter fällt und nicht jedes Mal wieder ein Angang ist, brauchen wir eine Vision, einen Sinn, warum wir das alles eigentlich tun.

Die Macht von Visionen kenne ich selbst nur zu gut. Ich war ein miserabler Schüler, über Jahre hinweg interessierte ich mich für alles, nur nicht für schulische Inhalte. Ich verbrachte meine Zeit lieber auf dem Fußballplatz, vor dem Computer und mit Freunden am See. Bis sich mein Leben schlagartig änderte.

Einer meiner Freunde absolvierte ein Praktikum bei einer Kunstfliegerstaffel, und ich besuchte ihn an seinem Arbeitsplatz. Als wir am Rollfeld standen, sah ich eine kleine Propellermaschine in die Sonne abheben. Schlagartig wurde mir klar: *Ich werde Pilot werden.*

Zurück in der Schule, griff ich sofort an. Fächer wie Mathematik, Physik und Englisch übten eine neue Faszination auf mich aus. Damit konnte ich schließlich erklären, wie sich die Luftströmung bildete, die das Flugzeug überhaupt zum Fliegen brachte. Lernte ich Englisch, sah ich mich schon mit anderen Piloten über das Funksystem sprechen. Ich sah mich mit Fliegerbrille im Cockpit sitzen, in der einen Hand das Steuer, in der anderen das Funkgerät. Und es waren ebendiese Bilder, die mich motivierten, mich mit Themen auseinanderzusetzen, für die ich früher keinen Sinn hatte, und auch dann dranzubleiben, wenn es mal schwierig wurde.

Natürlich wurde ich später kein Pilot. Nicht mal in meiner Freizeit wollte ich mich in einen Segelflieger quetschen. Zu eng, zu laut, zu aufwendig in der Planung. Aber: Viel wichtiger als das tatsächliche Resultat meines Pilotentraums waren im Rückblick das Ziel und die Motivation, die daraus erwuchsen.

Ähnlich verhält es sich auch mit dem Thema Finanzen. Selbst wenn du niemals zu der Weltreise aufbrichst oder dein Traumhaus baust, für die oder das du jetzt dein Geld anlegst, können uns genau diese Visionen helfen, jeden Monat etwas Geld zur Seite zu legen, mit dem du dir deine Träume – ganz egal, welche es in der Zukunft sein mögen – erfüllen kannst.

Neben dem Motivationsboost hat es noch einen weiteren Vorteil, eine persönliche Vision zu entwickeln, denn deine Vision entspricht deinem Sparziel. An jeden Aspekt deiner Vision kannst du eine Art Preisschild hängen, auf dem steht, wie viel dich die Erfüllung dieses Traums kosten wird und wann du das Geld dafür brauchen wirst.

Voilà! Heraus purzeln die benötigte Rendite und die Laufzeit deiner Investments. Wie das genau funktioniert, erklären wir dir auf den folgenden Seiten.

Jetzt geht es aber erst mal um die Entwicklung deiner persönlichen, nachhaltigen Vision. Viel Spaß damit!

In diesem Kapitel erfährst du,
- wie du herausfindest, was deine Vision für die kommenden Jahre ist,
- wie du Nachhaltigkeit und andere Werte, die dir wichtig sind, in deiner Vision berücksichtigen kannst
- und was dementsprechend dein Sparziel sein sollte.

Deine persönliche Vision

Als Allererstes die guten Nachrichten: Deine Vision entsteht meistens nicht aus dem Nichts. Oft versteckt sie sich in einem mehr oder weniger vernachlässigten Eckchen deines Gehirns – dort, wohin du deine Wünsche, Pläne und Träume verbannst, wenn du tief im Alltag steckst. Die Chancen stehen also nicht schlecht, dass du deine Vision schon kennst – du musst sie nur hervorkramen, abstauben und sie dir genauer ansehen.

Und damit zu der schlechten Nachricht: Manchmal sind unsere Visionen ein wenig widerspenstig. Sie mögen es, im Unscharfen, im Nebulösen zu bleiben. Deine Vision zu konkretisieren, kann also ein etwas längerer Prozess sein. Es ist aber auch nicht nötig, deine Vision allzu konkret zu machen. Visionen sind dann besonders hilfreich, wenn sie uns eine grobe Richtung weisen, uns aber nicht auf einen detaillierten Lebensplan festlegen und keinen Spielraum mehr zulassen. Detailpläne funktionieren meistens nicht – das wissen wir alle spätestens seit der Corona-Pandemie, die unser aller Leben ziemlich durcheinandergewirbelt hat. Also: Deine Vision soll dir ein Gefühl dafür geben, welchen Lebensstandard und welche Lebensinhalte du in den kommenden Jahren finanzieren möchtest.

Fangen wir an!

Nimm dir ein Blatt Papier und einen Bleistift und zeichne dich selbst. Stopp! Bevor du jetzt entsetzt weiterblätterst: Deine Zeichnung muss kein künstlerisches Selbstporträt sein, ein Strichmännchen oder etwas anderes, das dich symbolisiert, reicht völlig aus. Stell dir vor, dass deine Zeichnung deinem Ich in etwa 10 Jahren entspricht. Reise gedanklich in jene Zeit: Was befindet sich in deiner Umgebung? Welche Menschen sind bei dir? Eine Familie? Wo befindest du dich? In deinen eigenen vier Wänden? Auf einer Weltreise? Auf deinem autarken Bauernhof?

Und was siehst du noch in deiner Umgebung? Deinen Arbeitsplatz? Ist das ein eigenes Büro? Oder arbeitest du in der Ferne? Zusammen mit Kolleginnen und Kollegen? Draußen an der frischen Luft oder drinnen am Schreibtisch? Was ist da noch? Gehst du einem Hobby nach? Wie genau sieht das aus?

Es geht hier wirklich darum, dass du es wagst, zu träumen. Vermutlich wird beim Zeichnen mehrmals eine Stimme in dir laut werden. Und die Sätze, die sie dir zuraunt, beginnen immer mit «Ja, aber ...». Versuch mal, diese Stimme etwas runterzuregeln. Natürlich sollst du keine absolut unrealistische Fantasievision entwerfen, aber du darfst in dich hineinspüren und das zeichnen, was du dir für die Zukunft wünschen würdest – auch wenn deine Wünsche am Rande des Machbaren liegen.

Sobald du ein Bild zu Papier gebracht hast, bei dessen Betrachtung sich ein wohliges, zuversichtliches Gefühl in dir ausbreitet – eine gewisse Lust auf die Zukunft –, bist du fertig. Es kann sein, dass du ein wenig Zeit brauchst, um an diesen Punkt zu gelangen. Lass deine Vision auch gern für eine Zeit liegen und kehre zu einem späteren Zeitpunkt zu ihr zurück. Es kann dir ebenfalls helfen, mit einer anderen Person über deine Vision zu sprechen. Solltest du in einer Partnerschaft leben, kann es außerdem sinnvoll sein, eure Vision von vornherein im Dialog zu erstellen.

Während der Recherche für dieses Buch habe ich mit verschiedenen Menschen gesprochen. Damit du dir besser vorstellen kannst, wie eine Vision aussehen könnte, folgt hier ein Beispiel. Nennen wir die Person, die hinter dieser Vision steht, doch Jana:

Janas Vision

Jana ist Anfang 30 und möchte in ein paar Jahren ein Haus bauen, aus Holz, abseits des Trubels der Stadt, am liebsten mit kleiner Dachterrasse. Dafür braucht sie 100 000 Euro Eigenkapital, bisher hat sie immerhin 10 000 Euro angespart. Sie sieht sich schon auf dem Balkon sitzen, Rotwein trinken und die Schwalben bei ihren abendlichen Luftkunststücken beobachten. Bei all diesen Plänen soll aber auch das Abenteuer nicht fehlen: Jana will sich als Architektin selbstständig machen und immer wieder auf Reisen gehen.

Deine nachhaltige Vision

Nachdem du dieses Buch liest und keinen der gewöhnlichen Finanzratgeber, gehen wir davon aus, dass es dir bei dem Thema Finanzen nicht nur um dich selbst und die Maximierung deines Kapitals geht. Vermutlich ist es dir ebenso wichtig, deinen Werten entsprechend zu leben und unseren Planeten mit deinem Geld und deiner Lebensweise nicht zu belasten. Wie steht es also um die Nachhaltigkeit deiner Vision?

Wenn in dieser, wie bei Jana aus unserem Beispiel, der Bau eines Hauses vorkommt, solltest du dich fragen, wie du dieses Haus so nachhaltig wie möglich gestalten kannst. Wege, dies zu erreichen, gibt es viele: Wärmedämmung, nachhaltige Materialien, erneuerbare Energiezufuhr und so weiter. Aus dem Bau deines Hauses wird so aus einer Investition in deine Lebensvision auch eine Investition in die Nachhaltigkeit unserer Welt – immerhin werden rund fünfundzwanzig Prozent der globalen Treibhausgase von

Gebäuden ausgestoßen. Für die meisten Menschen ist der Kauf oder Bau eines Hauses die größte Investition, die sie jemals tätigen. Etwa die Hälfte der deutschen Bankkredite wird für den Bau oder Kauf von Immobilien verwendet. Mit der Wahl der richtigen Bank hast du also auch hier einen großen Hebel in der Hand. Wenn deine Vision CO_2-intensive Träume beinhaltet wie etwa bei Jana das Reisen, kannst du natürlich auch darüber nachdenken, diese Emissionen durch effektive Spenden auszugleichen.

Die Preisfrage: Wie viel Geld brauchst du, um deine Träume zu finanzieren?

Jetzt sind wir also bei der – Achtung, Wortwitz – Preisfrage angelangt: Welche finanzielle Strategie brauchst du, um deine Vision wahr werden zu lassen? Wie viel werden dich deine Träume kosten, und wie stehen die Chancen, auch wirklich genug Geld anzusparen?

Das Schöne daran: Du kannst schon jetzt etwas für die Erfüllung deiner Träume tun, also im Jetzt aktiv eine Finanzplanung aufstellen, um in Zukunft das Leben zu leben, das du dir wünschst.

Das ist auch bei Jana aus unserem Beispiel der Fall. Sie kann ihre Vision nach und nach durchgehen und ein Preisschild an jeden ihrer Träume hängen. Da ist zunächst das Haus. Das würde sie gerne in zehn Jahren bauen und bis dahin 100 000 EUR Eigenkapital angespart haben. Auch die Selbstständigkeit und die geplanten Reisen versieht sie mit einem Preisschild, einem groben Sparziel und einer Spardauer. Jetzt kann Jana sich ausrechnen, wie viel sie monatlich beiseitelegen muss, um ihr Sparziel für das Haus in zehn Jahren zu erreichen:

- Dauer: 10 Jahre
- Kostenpunkt: 100 000 EUR
- Erspartes: 10 000 EUR

Wie viel müsste Jana sparen, um in zehn Jahren bei 100 000 Euro rauszukommen, wenn sie jetzt schon 10 000 Euro angespart hat und diese investieren möchte? Die Antwort kann ihr ein Online-Sparrechner liefern. Sogenannte «Sparrechner» findest du online zuhauf, sie sind meist ganz simpel zu handhaben. Bei Jana ergeben sich, siehe auch die Tabelle auf dieser Seite, zwischen 619 und 467 Euro, die sie monatlich sparen müsste, je nachdem, wie viel Prozent sie auf ihr Investment erhält.

In der linken Spalte der Tabelle ist die Rendite in Prozent angeführt, die Jana möglicherweise erhält. In der rechten Spalte siehst du, wie viel sie monatlich beiseitelegen müsste, um ihr Sparziel zu erreichen.

Jährliche Rendite (%)	Monatliche Sparquote
3	619 EUR
5	540 EUR
7	467 EUR

Eines ist hier ganz wichtig: Das, was dir oben nun vielleicht wie eine Rechenaufgabe aus einem Mathematikkurs vorkommt, soll als ein grober Anhaltspunkt dienen. Jana wird nicht auf den Euro genau einen dieser Beträge zurücklegen – schließlich kann sie nicht genau vorhersagen, wie viel Rendite ihre Investments über die kommenden zehn Jahre tatsächlich einbringen wird. Aber wenn sie für alle ihre Träume eine solche grobe Rechnung macht, hat sie einen ungefähren Eindruck davon, wie viel Geld sie bereits jetzt monatlich zurücklegen sollte, um ihre Ziele auch zu erreichen. Sie rundet also die Ergebnisse ihrer Rechnungen auf einen schönen Betrag und legt diese monatlich gemäß ihrer Finanzstrategie an. Ob sie das Geld für die Verwirklichung ihrer angedachten Träume verwenden wird oder nicht, ist dabei zweitrangig: Das Bild, das Jana von ihrer Vision hat, motiviert sie und verschafft ihr eine rationale Begründung, warum sie jeden Monat einen gewissen Betrag zur Seite legt. Übrigens: Neben dem Sparen für deine Visionen ist es sinnvoll, auch ein Sparziel für die Altersabsicherung festzulegen – auch wenn das vermutlich erst mal nicht Teil deiner Zehn-Jahres-Vision sein wird.

Gehe die verschiedenen Aspekte deiner Vision jetzt Schritt für Schritt durch und schätze Pi mal Daumen, wie viel Geld du dafür aufbringen musst und wann du auf dieses Geld zugreifen möchtest. Wenn du diese Informationen beisammenhast, kannst du den Online-Sparrechner nutzen, um deine monatliche Sparrate zu ermitteln.

Es geht bei dieser ersten Berechnung darum, eine Motivation und eine grobe Idee für ein monatliches Sparziel zu entwickeln. Weder die Entwicklung der Finanzmärkte noch die deines Lebens und deiner Wünsche sind vorhersagbar. Erlaube dir also die Flexibilität, die du brauchst. Dein Startkapital kann natürlich auch kleiner ausfallen, und du kannst die monatliche Sparrate natürlich auch deutlich nach unten oder oben schrauben, je nach deiner finanziellen Situation und deinen Zielen.

Für Eilige

Eine Vision hilft dir dabei, die Träume zu identifizieren, die du mit deinem Geld verwirklichen willst. Auf konkrete Träume «hinzusparen», kann dich motivieren, langfristig an deiner Finanzstrategie festzuhalten – und die besagten Träume in die Tat umzusetzen. Deine Vision auf einem Blatt Papier zeichnerisch darzustellen, ist eine gute Möglichkeit, deine Träume zu identifizieren. Bei der Entwicklung deiner Vision lohnt es sich, auch die Umweltfreundlichkeit deiner Ziele im Blick zu behalten, schließlich geht es dir ja um Nachhaltigkeit.

Wenn du deine Vision vor Augen hast, kannst du jeden ihrer Aspekte mit einem groben Sparziel versehen und mithilfe eines Online-Sparrechners herausfinden, wie viel Geld du schon heute zurücklegen solltest, um der Verwirklichung deiner Träume Schritt für Schritt näher zu kommen.

Über diese Übung gewinnst du ein erstes Gefühl dafür, wann du wie viel Geld brauchen wirst – das kann dir als Grundlage für die Laufzeit einiger deiner Finanzprodukte dienen. Selbst wenn du das Geld später für ganz andere Zwecke verwendest als geplant, helfen dir solche Sparziele beim Aufbau deines Kapitals.

Schritt 2: Sieh dir deine Glaubenssätze an

Im letzten Kapitel hast du herausgefunden, wofür du dein Geld einsetzen möchtest. Vielleicht juckt es dich schon in den Fingern, zu Teil III zu blättern und dein persönliches Portfolio aufzusetzen. Aber nach vielen Gesprächen über dieses Buch habe ich mich entschieden, dir ein weiteres Kapitel anzubieten, bevor es in Richtung Investitions-planung geht.

Viele meiner Bekannten, die sich an das Aufstellen eines Portfolios heranwagen, berichteten mir nämlich, dass sie mit den besten Intentionen starten: Sie hören sich Finanzpodcasts an, denken darüber nach, wie viel Geld sie monatlich sparen sollten – und tun es dann doch nicht. Oder aber sie kaufen sich Bücher wie dieses, weil sie sich mit dem Thema auseinandersetzen wollen. Nach dem Kauf liegt das Buch dann aber ungelesen im Regal herum. Wenn du diese Zeilen liest, hast du es also schon weiter geschafft als viele andere. Sich den eigenen Finan-zen zu widmen, scheint gar nicht so leicht zu sein.

Im Umgang mit Geld werden wir oft von Überzeugun-gen oder Angewohnheiten geleitet. Nicht selten halten diese uns auf die ein oder andere Weise davon ab, uns dem Thema zuzuwenden. Auch bei mir war das lange Zeit nicht anders, wie ich dir in diesem Kapitel erzählen werde.

Denn es sind die kleinen Dinge, die uns prägen: Wurde bei dir zu Hause viel über Geld gesprochen? Fehlte es ständig an allen Ecken und Enden? Oder im Gegenteil: Gab es davon stets genug, und kam es deshalb selten zur Sprache? Waren deine Eltern geizig oder großzügig? Wurden die Rechnungen an der Supermarktkasse gleich nach dem Einkauf überprüft oder gar nicht erst mitgenommen? Wie viel Trinkgeld wurde beim Essen gegeben? Wer hat zu Hause die Buchhaltung übernommen oder die Ablage für die Steuer gemacht?

Durch diese Erfahrungen haben wir alle ein Verhältnis zu Geld und den Umgang mit diesem entwickelt – ob bewusst oder unbewusst. Vielleicht hast du noch nie darüber nachgedacht, wie dein Verhältnis zu Geld ist oder welche Gewohnheiten du dir im Umgang damit zugelegt hast. Dieses Kapitel regt dazu an, genau das zu tun – damit du etwaige Hindernisse für deine Finanzplanung aus dem Weg räumen kannst.

In diesem Kapitel erfährst du,

- warum manche Glaubenssätze dich in deiner finanziellen Strategie ausbremsen können,
- wie du deine eigenen finanziellen Glaubenssätze aufdeckst und gegebenenfalls anpasst
- und welche negativen Geld-Gewohnheiten (Money Habits) gängig sind und wie du sie vermeiden kannst.

Hinderliche Glaubenssätze

Glaubenssätze. Das ist so ein Wort, das du vielleicht nicht in einem Finanzratgeber erwartet hättest. Und doch kann ich es in diesem Buch nicht unter den Tisch fallen lassen.

Denn wie in der Einleitung erwähnt: Wir alle haben ein lang kultiviertes Verhältnis zu Geld, das oftmals implizit ist oder unbewusst mitläuft. Glaubenssätze prägen unser Verhalten, auch im Hinblick auf Finanzen. Ich hatte zum Beispiel lange Zeit den Glaubenssatz: «Für Geld muss man sich schämen.» Vermutlich stammt dieser Glaubenssatz aus einer meiner ersten bewussten Erfahrungen mit Geld.

Denn eigentlich haben mich Münzen und Scheine schon in der Kindheit fasziniert. Was genau es war, weiß ich nicht mehr – vermutlich das Gefühl, mir damit unendlichen viele blaue und giftgrüne Gummischlangen bei unserem Dorfbäcker «Café Schwalbe» kaufen zu können. Die Faszination ging so weit, dass ich, noch bevor ich in der Bank über den Tresen gucken konnte, meine erste «Straftat» beging.

Wir brachten jedes Jahr italienische Lira und österreichische Schillinge von unseren Urlaubsreisen mit nach Hause, die sich in den hölzernen Schubladen einer Kommode unter leeren Batterien und sonstigem Krimskrams sammelten. Eines Tages beschloss ich, alle ausländischen Münzen im Haus zu unserer lokalen Sparkasse zu bringen – natürlich ohne meine Eltern in meinen Plan einzuweihen. Ich packte alles in einen Stoffsack und stapfte los. Am Schalter sah der Mann über seine Hornbrille zu mir hinunter, und ich erklärte ihm in breitem Bairisch: «D'Mama hod mi gschigt.»

Der Mann lächelte, nahm den Geldsack mit den Münzen entgegen und händigte mir meine Beute in D-Mark aus. Schon auf dem Heimweg beschlichen mich erste Zweifel. Die Münzen wogen schwer in meiner Hosentasche. Schützend hielt ich sie in meiner Faust. Zu Hause angekommen, fragte mich mein Vater, wo ich denn gewesen sei. Ich antwortete, dass ich draußen Fußball spielen war und – was für ein Glück! – ein paar Münzen auf der Straße gefunden hätte. Mein Vater blickte auf das Diebesgut in meiner Hand. Ich lief knallrot an, und meine Lüge flog auf. Seither war Geld für mich immer auch mit ein wenig Scham behaftet.

Obwohl Glaubenssätze nicht immer negativ sein müssen, können sich einige von ihnen als Stolpersteine erweisen. In Bezug auf unser Geld halten sie uns dann beispielsweise davon ab, uns dem Thema Finanzen überhaupt zuzuwenden.

Die Liste solcher Glaubenssätze ist lang: «Ich kann das eh nicht», «Finanzen sind Männersache» und «Finanzen machen keinen Spaß». Aber auch andere Glaubenssätze können uns davon abhalten zu investieren: «Ich habe so wenig Geld, es lohnt nicht, es zu investieren» oder «Ich werde schon immer genug Geld haben, da muss ich mich nicht ums Investieren kümmern». Gewisse Glaubenssätze – wie zum Beispiel auch die Mythen im ersten Teil dieses Buches – halten uns auch davon ab, uns mit dem Nachhaltigkeitsaspekt unserer Finanzen zu beschäftigen, und so verpassen wir die Chance, wirklich einen Unterschied zu machen.

Bei Nina und mir war das lange Zeit nicht anders. Wir ließen die Finger von unseren persönlichen Finanzen und irgendwelchen Investitionsstrategien – Grund dafür waren ganz unterschiedliche Glaubenssätze.

Ich zum Beispiel platzte zu einer ziemlichen ungünstigen Zeit in das Leben meiner Eltern: Meine Mutter war gerade erst 27, mein Vater 25, sie steckten beide noch mitten in der Ausbildung. Ein paar Jahre später, als mein Vater das Medizinstudium hinter sich hatte, saß er vor einem großen schwarzen Telefon in seiner Praxis und starrte es an. Aber es wollte nicht klingeln. Mittlerweile hatte ich zwei kleine Schwestern, meine Eltern hatten sich in München Praxisräume gemietet, aber Patienten kamen nur zögerlich.

Obwohl wir damals nicht viel Geld hatten, signalisierten mir meine Eltern stets: «Wir bekommen das schon hin.» Vermutlich auch, weil sie wussten, dass meine wohlhabenden Großeltern uns im Notfall finanziell unter die Arme gegriffen hätten. Geld war kein Problem. Als ich geboren wurde, legte mein Großvater seine Hand auf die Schulter meines Vaters und sagte ihm, was auch ich später hören würde: «Das kriegen wir schon hin.» Und dieses Gefühl hatte auch ich zu jeder Zeit, wenn es um Geld ging. Wer das Privileg hat, davon ausgehen zu können, dass genug Geld da sein wird, der sorgt sich nicht sonderlich um die finanzielle Zukunft. So zumindest war und ist es bei mir.

Für Nina sah die Situation etwas anders aus. Ihre Mutter war alleinerziehend, und obwohl sie behütet und ohne ernsthafte Geldsorgen aufwuchs, war das Grundgefühl immer: Jetzt gerade bekommen wir das hin, aber es kann sein, dass uns irgendwann das Geld ausgeht. Dadurch hat sie einen Glaubenssatz verinnerlicht: Besser, du hältst dein Geld zusammen – du weißt nie, wann es dir ausgehen wird.

Wenn man mit diesem Gefühl aufwächst, liegt es nahe, dass man eher nicht in risikobehaftete Aktien investiert, wodurch das wenige Geld ja jederzeit verloren sein könnte. Nein, vielmehr trägt man das Geld aufs Giro- oder Sparkonto und wartet auf den Tag, an dem man es braucht.

Du siehst: Glaubenssätze können wie bei Nina und mir sehr gegensätzlich sein und trotzdem denselben Effekt haben: Investieren? Das ist etwas für andere, nichts für mich. Glaubenssätze können auch einen Einfluss darauf haben, wie man investiert. Wer weiß, dass er eher vorsichtig ist, obwohl inzwischen genug Geld da ist, der kann die eigenen Möglichkeiten und Bedürfnisse beim Erstellen einer Finanzstrategie besser einschätzen.

Erst in unserer Beziehung und im Zusammenleben wurden Nina und mir diese Glaubenssätze bewusst, und wir versuchten, einen Mittelweg zu finden: Wir wollten einen realistischen Blick auf unsere Finanzen entwickeln und für unser Geld eine durchdachte Strategie formulieren. Wie viel Geld besaßen wir tatsächlich und wie viel Geld würden wir in Zukunft besitzen? Ein wirkliches, begründetes Sicherheitsgefühl hat man nur dann, wenn man sich traut, die eigenen Finanzen genauer anzusehen. Danach hat man eine gute Basis, um eine valide Strategie zu entwerfen.

Wie sieht es bei dir aus? Hast du Glaubenssätze, die es dir erschweren, dich mit deinem Geld zu befassen? Welcher Gedanke hat dich dazu bewogen, dir dieses Buch zu kaufen?

Hier folgt eine kurze Übung, die dir bei der Reflexion und Anpassung deiner Glaubenssätze helfen kann.

Nimm dir ein Blatt Papier und schreibe ein paar Glaubenssätze auf, die du in Bezug auf Geld hast. Als Tipp: Oft beinhalten Glaubenssätze Absolutismen wie «Nie / Immer ...», «Jeder / Keiner ...», «Alles / Nichts ...», oder auch: «Kann / darf nicht», «muss», «unmöglich», «nur». Fallen dir Sätze ein, die diese Wörter beinhalten und sich für dich wahr anfühlen?

Ich hätte da ein paar Beispiele: «Alle wollen nur mein Geld», «Ich darf nicht über Geld sprechen», «Geld ist nur dazu da, es auszugeben», «Ich werde immer / nie genug Geld haben», «Ich muss mein Geld zusammenhalten», «Wer sparsam ist, ist nur geizig».

Lass dir Zeit für diese Übung. Du kannst das Blatt ein paar Tage auf deinem Schreibtisch liegen lassen oder es an eine Pinnwand heften und es immer weiter ausfüllen, wenn dir neue Geld-Glaubenssätze einfallen. Alles ist erlaubt – versuche, den inneren Kritiker, die innere Kritikerin auszuschalten.

Wenn du das Gefühl hast, die wichtigsten hinderlichen Glaubenssätze gefunden zu haben, kannst du dich daranmachen, sie zu verändern. Wenn du dich traust, teile deine Liste mit einer anderen Person. Vielleicht bemerkst du bei einigen Sätzen schon beim Vorlesen, wie absurd der jeweilige Gedanke ist. Wenn das so ist, herzlichen Glückwunsch: Du hast den ersten Schritt getan, um diese Glaubenssätze aufzulösen. Sprich mit der Person, der du deine Glaubenssätze vorgelesen oder geschickt hast, auch gerne darüber, wie diese Überzeugungen vermutlich entstanden sind. Hast du solche Sätze oft in der Familie gehört? Haben dir diese Glaubenssätze in der Vergangenheit vielleicht sogar geholfen?

Die besonders hartnäckig hinderlichen nimmst du dir noch mal einzeln vor. Schreibe jeweils mindestens drei Gründe auf, warum der Glaubenssatz nicht zutrifft. Ersetze die Absolutismen durch abgeschwächte Formen oder füge einen einschränkenden Nachsatz an, bis sich der Glaubenssatz richtig anfühlt. Für ein wenig Inspiration kannst du dir unsere Beispieltabelle anschauen:

Alter Glaubenssatz	Warum er nicht stimmt	Neuer Glaubenssatz
Ich werde niemals genug Geld haben.	Bisher hat mein Geld immer gereicht. Ich bin gut ausgebildet und habe ein finanzielles Basiswissen. Ich bin nicht allein. Mein Netzwerk wird mich unterstützen, wenn nötig.	Ich werde nicht reich werden, aber immer genug Geld für ein angenehmes Leben haben.
Wer sparsam ist, ist nur geizig.	Ich kenne viele Menschen, die sparsam leben und trotzdem großzügige Geschenke machen.	Es gibt einen Unterschied zwischen Sparsamkeit und Geiz.

Alter Glaubenssatz	Warum er nicht stimmt	Neuer Glaubenssatz
Wer sparsam ist, ist nur geizig.	Sparsamkeit ist nicht für jede:n eine Entscheidung, sondern für viele ein Muss. Sparsamkeit kann zu einem bewussten und dadurch nachhaltigen Konsum führen.	Es gibt einen Unterschied zwischen Sparsamkeit und Geiz.
Ich darf nicht über Geld sprechen.	Erst wenn man über Geld spricht, kann man den richtigen Umgang damit lernen. Wenn ich die finanzielle Situation meines Umfelds verstehe, kann ich Handlungen besser nachvollziehen und Konflikte vermeiden.	Ich darf über Geld sprechen, um etwas zu lernen – sofern mein Gegenüber dazu bereit ist.

Alter Glaubenssatz	Warum er nicht stimmt	Neuer Glaubenssatz
	Nicht über Geld zu sprechen, ist kulturell geprägt. Es gibt viele Kreise, in denen offen über Geld gesprochen wird.	
Geld macht unsere Umwelt kaputt.	Geld ermöglicht es Organisationen, sich für unsere Umwelt einzusetzen. Erst durch Geld wird Forschung an grünen Technologien und die Energiewende möglich.	Je nachdem, wie Geld eingesetzt wird, kann es der Umwelt schaden oder helfen. Ich kann dafür sorgen, dass mein Geld der Umwelt hilft.

Lass dir ruhig Zeit. Glaubenssätze lösen sich nicht einfach in Luft auf, indem du deine Tabelle ausfüllst und neue Sätze formulierst. Du kannst immer wieder zu deinen Notizen zurückkehren und sie überarbeiten. Eine gute Idee ist es auch, deine neuen Glaubenssätze mit jemandem zu teilen. Indem du die neuen Sätze aussprichst, machst du es dir selbst leichter, an sie zu glauben. Falls du einen besonders problematischen Glaubenssatz identifiziert hast, kannst du dir außerdem einen visuellen Anker setzen. Klebe zum Beispiel einen Zettel mit dem neuen

Glaubenssatz in dein Portemonnaie oder über deinen Schreibtisch. Versuche, deine neuen Glaubenssätze zu «leben». Wann immer möglich, stelle dir die Frage: Wie würde eine Person agieren, die diese Sätze verinnerlicht hat? Dann handle genauso wie diese Person. Je öfter du das tust, desto häufiger wirst du eine neue Haltung einnehmen können.

Ja, das klingt alles nach einem längeren Prozess – und das ist es auch. Aber: Es kann sich lohnen. Diese Übung kann dazu beitragen, eine Strategie zu entwickeln, mit der du dich wirklich wohlfühlst, weil dir die eigenen Werte oder auch Einstellungen bewusst geworden sind. Das wiederum führt zu mehr Sicherheit im Umgang mit Geld.

Hinderliche Money Habits

Ein weiterer Faktor, der dich in deiner Investitionsstrategie ausbremsen kann, sind Gewohnheiten in Bezug auf Geld – nennen wir sie «Money Habits». Oft folgen Money Habits aus Glaubenssätzen. Es lohnt sich also, einen kurzen Blick auf die gängigsten und hinderlichsten von ihnen zu werfen.

Fangen wir mit dem Klassiker an: die fehlende Übersicht über die eigenen Ausgaben. Ja, das ist ein All-time-Favorite. Vermutlich kannst du dich daran erinnern, dass deine Großeltern oder Eltern früher ein Haushaltsbuch geführt haben. Darin notierten sie, was wofür ausgegeben wurde, um den Überblick zu behalten und gegebenenfalls Anpassungen vorzunehmen. Eigentlich keine schlechte Idee, wenn es nicht so nervig wäre. Aber wir können sagen: Willkommen im digitalen Zeitalter! Inzwischen erstellen dir viele Bank-Apps automatisch eine Übersicht über deine Ausgaben. Es lohnt sich, da ab und zu einen Blick hineinzuwerfen. Es geht aber nicht darum, ein auf den Euro korrektes Kassenbuch zu führen, sondern vielmehr darum, ein Gefühl dafür zu entwickeln, wie viel du ausgibst und für was. Das ist sinnvoll, um in deiner finanziellen Planung zu berücksichtigen, wie viel Geld du für deinen persönlichen Bedarf brauchst und wie viel du zurücklegen kannst.

Ein anderer Money Habit, den ich sehr gut von mir selbst kenne: Bei kleinen Ausgaben wie einem Kaffee zwischendurch überlege ich genau, ob es das Geld wert ist, während ich zugleich monatlich eine unnötig hohe Miete, Versicherung oder ein überteuertes Abo bezahle, ohne mir groß Gedanken darüber zu machen. Dass mir der Kaffee als Ausgabe mehr auffällt, ist nur menschlich: In der Psychologie nennt man das «Salienz». Der Kauf eines Kaffees geht mit mehreren Handlungen einher: Ich muss mich anstellen, bestellen, bezahlen und halte danach etwas Greifbares in der Hand. Der Kaffee und die drei Euro, die er kostet, dringen also unweigerlich leichter in mein Bewusstsein vor als das Abo, das automatisch von meinem Konto abgebucht wird. Kostentechnisch stehen beide Ausgaben in keinem Verhältnis: Den Kaffee bekomme ich für ein paar Euro, die Miete, die Versicherung oder das Abo kosten mich mehrere Hundert Euro. Wenn du sparen möchtest, ist es also sinnvoller, die großen Hebel in den Blick zu nehmen, als dir den Kaffee zu verkneifen und später mit Entzugskopfschmerzen zu kämpfen.

Der dritte Money Habit ist ziemlich schwer abzuschütteln, vor allem weil uns jede Werbung vom Gegenteil überzeugen will: Es geht um Impulseinkäufe. Du hast bestimmt schon von «Instant Gratification» gehört. Das ist sowohl für die Wirtschaft als auch für die Botenstoffe in unserem Gehirn ein Gewinn – für unser Konto und die Nachhaltigkeit unseres Planeten eher weniger. Durch die Möglichkeit, zu jeder Tages- und Nachtzeit online einzukaufen, ist die Hürde vor neuen Anschaffungen immer kleiner geworden. Noch dazu merken wir bei ein paar Klicks am Laptop weniger, dass wir Geld ausgeben, als es mit Bargeld im Laden der Fall ist. Inzwischen habe ich eine stattliche Menge Impulskäufe bei mir zu Hause angehäuft. Da ist zum Beispiel der Fahrrad-Hometrainer oder das elektrische Schlagzeug, die ich mit schlechtem Gewissen bei jedem Umzug wieder einpacke, in den Keller verfrachte und mir vornehme, sie demnächst endlich zu verkaufen. Im Keller bleiben sie dann bis zum nächsten Umzug. Der einfache, aber doch sehr effektive Trick für den Umgang mit diesem Money Habit: Einfach ein bis zwei Tage warten mit dem Kauf. Wenn du das Produkt nach zwei Tagen noch immer haben willst, ist das ein Zeichen, dass du es wahrscheinlich auch benutzen wirst. Diese Kontrolle der Impulskäufe ist nicht nur gut für dich, sondern auch für den Planeten: Je weniger wir konsumieren, desto weniger CO_2 wird ausgestoßen.

Money Habit Nummer vier bezieht sich auf etwas, das du mit dem Lesen dieses Buches bereits angegangen bist: Einfach nichts tun mit dem eigenen Geld, außer es auf einem Bankkonto zu parken. Wie oben erwähnt, habe ich genau das auch viele Jahre lang getan. Aber es wird für dich keine Überraschung sein, wenn ich unterstreiche:

Mit einer aktiven Finanzplanung kannst du dir selbst – und dem Planeten – etwas Gutes tun. Der erste Schritt dafür ist, sich einen Überblick über die eigenen Finanzen zu verschaffen.

Für Eilige

Es gibt einige Dinge, die uns davon abhalten können, uns mit unserem Geld zu beschäftigen – primär sind das hinderliche Glaubenssätze. Indem du diese identifizierst und in positive Glaubenssätze umformulierst, kannst du sie nach und nach abbauen (siehe auch die Tabelle auf Seite 137 ff.). Achte dabei auch auf deine Gewohnheiten in Bezug auf Geld. Versuche dir eine Art Geld-Hygiene zuzulegen, indem du einen Überblick über deine Ausgaben behältst und dich aktiv mit deinen Finanzen beschäftigst.

Schritt 3: Finde heraus, welcher Investitionstyp du bist

Das hier wird ein etwas anderes Kapitel. Es geht nämlich um eine Selbsteinschätzung, die dir in Teil III des Buches helfen wird, die für dich passenden Schritte zu identifizieren. Natürlich ist es gar nicht so leicht, in einem analogen Buch individualisierte Schritt-für-Schritt-Anleitungen bereitzustellen. Das bedeutet, dass alles, was jetzt folgt, diesem Grundsatz unterliegt: Es gibt keine Schwarz-Weiß-Unterteilung in unterschiedliche Investitionstypen, und es gibt keine eindeutigen Handlungsanweisungen. Es kann sein, dass dein persönlicher Investitionstyp einer Mischung aus zwei oder mehreren unserer Typen entspricht. Deine Selbsteinschätzung und unsere Empfehlungen je Typ können dich dennoch dabei unterstützen, deine individualisierte Strategie zu entwickeln.

Zwei Kriterien für eine durchdachte Finanzstrategie

Wir haben lange nachgedacht, welche Individualisierung in Investmenttypen für dieses Buch Sinn ergibt, und haben zwei Kriterien identifiziert, die dir dabei helfen können, dich selbst besser einzuschätzen und einem der vier Typen zuzuordnen.

Das erste Kriterium ist deine Risikobereitschaft oder auch dein Sicherheitsbedürfnis. Dieses Kriterium spielt in jedem Finanzratgeber eine Rolle – ganz egal, ob es sich dabei um nachhaltige oder reguläre Anlagen dreht. Denn basierend auf deinem Sparziel – deiner finanziellen Vision – und deiner natürlichen Veranlagung bringst du bereits eine Präferenz für mehr oder weniger riskante Anlagen mit. Auch wenn ein ausgewogenes Portfolio mit Risikostreuung immer zu empfehlen ist, gibt es ein gewisses Risikospektrum, auf dem du dich verorten kannst. Bei einem höheren Sicherheitsbedürfnis fallen gewisse Investments, wie in grüne Start-ups, von vornherein kategorisch weg, da mit solchen Investitionen sehr hohe Risiken verbunden sind.

Das zweite Kriterium steht ganz im Zeichen dieses Buches: Es geht um deine Nachhaltigkeitsorientierung. Wir nennen diesen Aspekt ganz bewusst «Nachhaltigkeitsorientierung», denn dass dieses Prinzip für dich erstrebenswert ist, nehmen wir als gegeben an – schließlich liest du dieses Buch und keinen gewöhnlichen Finanzratgeber.

Nichtsdestotrotz: Jeder und jede muss selbst definieren, wie sehr sich das eigene Portfolio an einem positiven Einfluss auf die Nachhaltigkeit dieses Planeten orientiert. Ist es für dich schon in Ordnung, dem Planeten nicht weiter zu schaden, oder möchtest du dich mit deinen Investmententscheidungen aktiv für ihn einsetzen, ihn zum Positiven verändern? Egal wo auf diesem Spektrum du dich einordnest – es ist völlig in Ordnung. Beide Bestrebungen sind legitim. Es ist wichtig, dass du dich fragst, wie weit du den Nachhaltigkeitsaspekt in deine finanziellen Entscheidungen einbeziehen willst. Diese

Entscheidung wirkt sich natürlich direkt auf die Wahl der Fonds aus.

Basierend auf diesen beiden Kriterien ergibt sich eine Matrix mit vier Quadranten, denen wir jeweils einen Investitionstyp zugeordnet haben. Here you go!

Risikobereitschaft

Risikofreudige Nachhaltigkeits-freundin	Risikofreudige Nachhaltigkeits-Visionärin
Abgesicherte Nachhaltigkeits-freundin	Abgesicherte Nachhaltigkeits-Visionärin

Nachhaltigkeits-orientierung

Die vier Investitionstypen

Die vier Investitionstypen

Um den Lesefluss in diesem Abschnitt zu erleichtern, haben wir uns entschieden, ausnahmsweise auf das Gendern zu verzichten, wir wählen die weibliche Form, alle anderen Geschlechteridentitäten sind mitgemeint.

Risikofreudige Nachhaltigkeitsvisionärin

Die risikofreudige Nachhaltigkeitsvisionärin geht «all in»: Sie möchte maximale Nachhaltigkeitswirkung erreichen und ist bereit, dafür ein finanzielles Risiko einzugehen. Natürlich trifft sie keine fahrlässigen Entscheidungen, aber die ein oder andere Investition in ein grünes Start-up lässt sie sich nicht nehmen. Immerhin kann sie so die nachhaltige Wirkung ihres Geldes maximieren, und das ist für sie oberstes Ziel. Sie nutzt ihr Stimmrecht in den Firmen, in die sie investiert, oder gibt dieses Stimmrecht an glaubhaft aktivistische Finanzverwalter ab. Die Rendite, die sie mit ihrer Anlagestrategie erreicht, verwendet sie nicht nur zur Verwirklichung eigener Träume, sondern spendet ebenfalls an wirksame NGOs.

Risikofreudige Nachhaltigkeitsfreundin

Die risikofreudige Nachhaltigkeitsfreundin findet eine Nachhaltigkeitsorientierung erstrebenswert, richtet sich aber nicht primär danach. Für die Rendite geht sie ausgewählte Risiken ein. Sie versucht, ausschließlich in grüne Firmen und Fonds zu investieren, ist aber auch bereit, durchmischten Fonds eine Chance einzuräumen, sofern diese Rendite versprechen und von einem vergleichsweise nachhaltigen Vermögensverwalter gemanagt werden. Der Nachhaltigkeitsaspekt ist für sie ein wichtiges Kriterium in ihren Anlageentscheidungen, aber fehlende Nachhaltigkeit ist kein kategorischer Grund für einen Ausschluss.

Abgesicherte Nachhaltigkeitsvisionärin

Die abgesicherte Nachhaltigkeitsvisionärin weiß: Nachhaltigkeit ist für sie ein Herzensthema, sie kann oder möchte aber keine gewagten finanziellen Entscheidungen treffen. Ihr Ziel ist es, mit möglichst sicheren Anlagen die größtmögliche Wirkung für die Nachhaltigkeit unseres Planeten zu erreichen. Daher investiert sie in ETFs aktivistischer Vermögensverwalter und spendet einen Teil ihrer Rendite an wirksame NGOs.

Abgesicherte Nachhaltigkeitsfreundin

Die abgesicherte Nachhaltigkeitsfreundin möchte kein Geld verlieren und investiert daher in weniger risikoreiche Anlagen. Über Rendite freut sie sich natürlich, aber das ist für sie kein Muss. Auch der Nachhaltigkeitsaspekt ist für sie ein schöner Zusatz, aber keine Notwendigkeit. Bei der Entscheidung für neue Anlagen beachtet sie die Nachhaltigkeitsorientierung des Portfolios und des Vermögensverwalters, aber sie empfindet es nicht als notwendig, ihr Geld aktivistisch einzusetzen – ob durch Spenden oder durch die Wahl aktivistischer Fondsmanager. Ihr Ziel: Sichere Investitionen mit einem guten Umweltgewissen.

Wie oben bereits erwähnt, sind diese Typen absichtlich etwas plakativ, da es hier kein schwarz oder weiß gibt. Vielleicht fällt es dir schwer, dich einem der Typen zuzuordnen. Das ist völlig okay. Vielleicht bist du eine Mischung aus unterschiedlichen Typen. Um dich dahingehend etwas besser zu verorten, folgt ein Selbsttest, der es dir erleichtert, den dir ähnlichsten Typ zu identifizieren.

Dein Selbsttest

Hast du schon ein Bauchgefühl, wo du dich auf den Skalen für Nachhaltigkeitsorientierung und Risikobereitschaft einordnen würdest? Zugegeben, eine passende Einschätzung zu treffen, ist gar nicht so leicht. Hier ist radikale Ehrlichkeit gefordert. Vielleicht würdest du gerne von dir behaupten, so viel wie möglich für die Nachhaltigkeit unserer Welt tun zu wollen. Aber Hand aufs Herz: Wie viel Geld und Zeit bist du wirklich bereit, dafür zu investieren? Auch in Bezug auf die Risikobereitschaft ist radikale Ehrlichkeit wichtig. Natürlich wären wir alle gerne mutig, dennoch zahlst du einen hohen Preis, wenn du später feststellst, dass dein Schlaf unter deinen risikoreichen Anlageentscheidungen leidet.

Wie du in den Kapiteln über grüne Geldmythen gelesen hast, sind die einflussreichsten Möglichkeiten oft auch mit einem gewissen finanziellen Risiko verbunden, wie etwa bei einem Investment in grüne Start-ups, oder sie bieten keine finanzielle Rendite, sondern eine eher ideelle, wie im Fall von Spenden. Nachhaltigkeit und Sicherheit schließen sich keinesfalls gegenseitig aus – aber nichtsdestotrotz kann eine Abwägung beider Aspekte dir die Eckpfeiler deiner Investitionsstrategie verdeutlichen.

Wir wollen dir hier nicht mit dem erhobenen Zeigefinger kommen oder dir ein schlechtes Gefühl vermitteln, falls du dich nicht im maximalen Bereich der Nachhaltigkeitsorientierung einordnest – im Gegenteil. Jeder der vier oben vorgestellten Typen hat seine Berechtigung. Am wichtigsten ist es, dass wir etwas gegen den globalen Klimawandel tun. Du musst dafür als Einzelperson nicht weiter gehen, als dir lieb ist.

Übrigens wird und sollte sich dein Investitionstyp über die Zeit verändern. Wenn du etwa Ende zwanzig bist, kannst du es dir erlauben, risikoreicher zu agieren. Das wäre anders, wenn du kurz vor deiner Pensionierung stehst. In jungen Jahren kannst du Verluste leichter ausgleichen. Wenn du nur noch wenige Arbeitsjahre vor dir hast, ist das schwieriger. Es lohnt sich, dein Alter zu berücksichtigen. Mehr zu diesem Prinzip, das man «Lifecycle Investing» nennt, findest du im dritten Teil dieses Buches.

Nun aber zu unserem Test: Erlaube uns, dir ein kleines Flashback in die Zeit der Magazine zu bescheren, die du vielleicht in deiner Jugend gelesen hast. Ja, du hast richtig gelesen: Du darfst ein paar Fragen beantworten und dir danach deinen Score ausrechnen. Ganz wie in alten (Bravo-)Zeiten. Genauer gesagt wirst du sogar zwei Scores erhalten: einen Risiko-Score und einen Nachhaltigkeits-Score. Es versteht sich von selbst, dass dieser Test einzig eine Hilfe zur Selbsteinschätzung sein kann.

Bewerte die Aussagen auf den folgenden Seiten, indem du eine Option von 1 bis 5 auswählst. Wenn du alles beantwortet hast, rechnest du deinen Risiko-Score und deinen Nachhaltigkeits-Score aus, indem du die von dir ange-

kreuzten Werte addierst. Wie es dann weitergeht, erfährst du nach dem Fragebogen.

Deine Risikopräferenz

1 = Stimme überhaupt nicht zu; 2 = Stimme eher nicht
zu; 3 = Ich bin mir nicht sicher; 4 = Stimme eher zu;
5 = Stimme voll und ganz zu

Aussage	1	2	3	4	5
Ich habe keine Angst davor, Geld zu verlieren.					
Ich kann es nicht lassen, immer wieder mein Portfolio zu überprüfen und mich über Gewinne zu freuen.					
Ich kann notfalls auf das Geld verzichten, das ich investiere.					
Es war schon immer mein Traum, reich zu werden.					
Ich habe nicht vor, mein angelegtes Geld in den nächsten Jahren zu nutzen.					
Ich habe noch viele Berufsjahre vor mir, in denen ich genug Geld verdienen kann.					

Aussage	1	2	3	4	5
Ich begebe mich gern in riskante Situationen und genieße den Nervenkitzel.					
TOTAL SCORE Für jede angekreuzte 1 erhältst du einen Punkt, für jede angekreuzte 2 gibt es 2 Punkte und so weiter.					

Deine Nachhaltigkeitsorientierung

Aussage	1	2	3	4	5
Ich will auch in braune Firmen investieren, wenn ich sie dadurch dazu bewegen kann, grüner zu werden.					
Ich möchte meinen Nachhaltigkeits-Impact als Einzelanleger:in maximieren.					

Aussage	1	2	3	4	5
Dem Planeten mit meinem Geld nicht zu schaden, reicht mir nicht – mein Geld soll aktiv den Klimawandel bekämpfen.					
Ich glaube daran, dass mein Geld einen Einfluss auf die Nachhaltigkeit unserer Welt haben kann.					
Ein nachhaltiger Lebensstil ist ein fester und zentraler Bestandteil meiner Identität, und ich richte meine Entscheidungen auch sonst danach aus.					
Ich kann damit umgehen, dass mein Portfolio nach außen hin nicht grün aussieht, wenn ich weiß, dass es mehr zur Nachhaltigkeit beiträgt als ein rein grünes Portfolio.					
Für die Nachhaltigkeit bin ich bereit, mich über Finanzverwaltungen, Firmen und Bewertungsskalen zu informieren.					

	1	2	3	4	5
TOTAL SCORE Für jede angekreuzte 1 erhältst du einen Punkt, für jede angekreuzte 2 gibt es 2 Punkte und so weiter.					

Sobald du deine beiden Scores ermittelt hast, geht es an die Einordnung. Dafür siehst du auf der nächsten Seite noch mal die Illustration unserer vier Investitionstypen – diesmal mit einer kleinen Ergänzung: An den Achsen der Matrix findest du nun Zahlen. Entsprechend deinem Score kannst du dich in der Matrix einordnen. Wenn du von deinem Nachhaltigkeits-Score einen waagrechten und von deinem Risiko-Score einen senkrechten Strich ziehst, in welchem Quadranten treffen sich die beiden

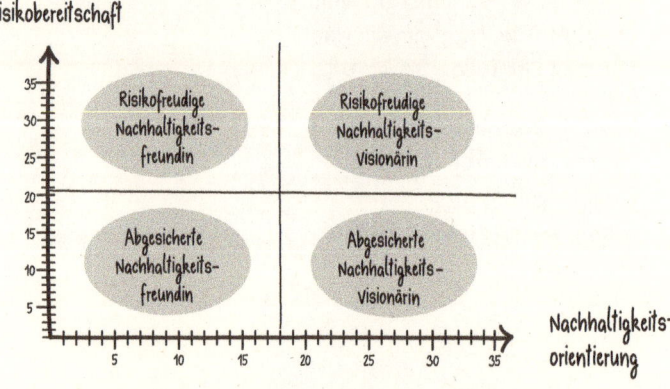

Vier Investitionstypen. Wo bist du gelandet?

Striche dann? Welcher Typ ist in diesem Quadranten angesiedelt?

Wie gesagt, das hier ist keine hieb- und stichfeste Aussage über dich. Es ist eine Annäherung an den Typ, der du sein könntest, und an die Finanzstrategie, die sich für dich eignen würde. Ob du dich wirklich diesem Typ zuordnest und eine entsprechende Strategie umsetzen möchtest oder nicht, bleibt allein dir überlassen.

Im folgenden Teil dieses Buches stellen wir dir für jeden Typ eine mögliche Anlagestrategie vor. Egal zu welchem Typ du dich zählst: Alles beginnt mit einer finanziellen Inventur. Mehr dazu in Teil III.

Für Eilige

Wir haben vier verschiedene Investitionstypen identifiziert, zu denen du zählen könntest. Zwei Kriterien sind für diese Einteilung maßgeblich, nämlich deine Risikopräferenz und deine Nachhaltigkeitsorientierung. Mithilfe eines Selbsttests (siehe Seite 151 ff.) kannst du dich leichter einem Typ zuordnen. Es ist aber auch völlig okay, dein Bauchgefühl entscheiden zu lassen oder dich keinem oder mehreren dieser Typen zuzuordnen. Solltest du den Investitionstyp identifiziert haben, der dir am ähnlichsten ist, kannst du diesen für die Schritt-für-Schritt-Anleitungen aus Teil III im Kopf behalten. Diese sind je nach Typ aufgeteilt.

TEIL III: DEINE SCHRITT-FÜR-SCHRITT-ANLEITUNG FÜR NACHHALTIGES INVESTIEREN

«In einem Jahr wirst du dir wünschen, du hättest heute angefangen.»

Karen Lamb

Willkommen im dritten Teil dieses Buches. Wir könnten ihn auch den «Jetzt-geht's-ans-Eingemachte-Teil» oder den «Endlich-Klarheit-in-die-Finanzen-bringen-Teil» nennen. Denn jetzt folgt die Anleitung für deine nachhaltige Finanzstrategie. Wir zeigen dir, wie du deine Finanzen Schritt für Schritt nachhaltig und sinnvoll aufstellen kannst.

In Schritt eins bringen wir Klarheit in deine finanzielle Situation und helfen dir bei deiner finanziellen Inventur: Wie viel Geld hast du auf deinen Konten? Wie viel von diesem Geld brauchst du im alltäglichen Leben und wie viel kannst du anlegen? Eine solche Inventur verwandelt dein diffuses Bauchgefühl, wie es um deine Finanzen steht, in konkrete Zahlen und Fakten und wird für dich wahrscheinlich so einige Überraschungen bereithalten.

Bevor Nina und ich unsere Inventur gemacht haben, wussten wir zum Beispiel nicht einmal, wie viele Konten wir eigentlich besaßen. Nicht, weil wir unsäglich reich wären, sondern weil einige der Konten mit kleineren Geldbeträgen über die Jahre in Vergessenheit geraten waren. Dabei kam mehr als gedacht zusammen: Zahlreiche Umzüge bescherten uns ein gutes Dutzend Konten in drei Währungen.

Im zweiten Schritt geht es dann um die Auswahl deines nachhaltigen Girokontos. Warum das so wichtig ist? Weil es gewissermaßen zur Grundausstattung jeder zeitgenössischen Finanzaufstellung zählt – es ist dein Portemonnaie, aus dem du die Ausgaben des täglichen Bedarfs bezahlst. Je nach Lebenssituation kann es sich lohnen, mehrere Girokonten zu haben. Auch hier kannst du mit der Wahl einer möglichst nachhaltigen Bank ein Zeichen setzen.

Während Schritt 1 und 2 die Basis für jede nachhaltige Finanzstrategie bilden, dreht sich bei Schritt 3 alles um Individualisierung. Im letzten Kapitel hast du herausgefunden, welcher Investitionstyp du bist. In diesem letzten Schritt kannst du die für dich passende Mischung aus mehr oder weniger nachhaltigen und mehr oder weniger riskanten Anlagen wählen und zusammenstellen.

Auf der nächsten Seite haben wir deinen Weg noch einmal auf einer Roadmap für dich festgehalten.

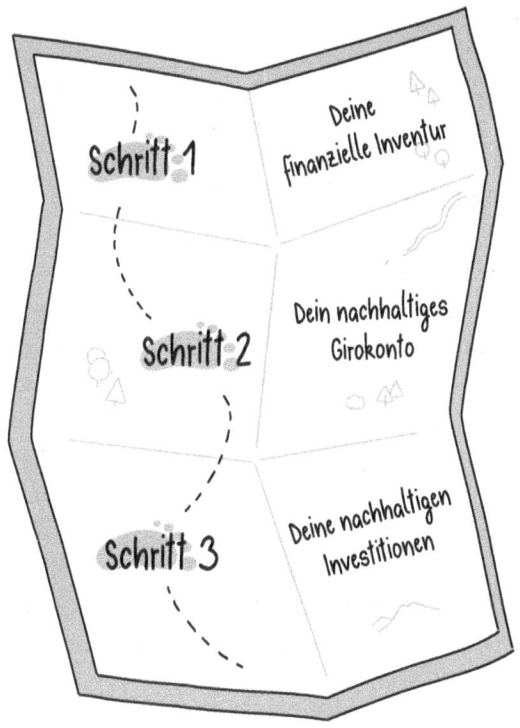

Klingt so, als würde es jetzt richtig losgehen mit der Arbeit? Ja! Schnapp dir einen Laptop, Stift und Papier und auf geht's. Falls du dich beim Zögern ertappst und dir überlegst, deine finanzielle Planung doch lieber auf einen anderen Tag zu verschieben: Mit der Lektüre dieses Buches hast du den ersten – und schwersten – Schritt getan. Du hast beschlossen, dich mit deiner Finanzplanung auseinanderzusetzen. Jetzt kannst du diesen Schwung auch nutzen und Nägel mit Köpfen machen. Also: Besorg dir deine Onlinebanking Zugänge, dann starten wir mit Schritt 1 – deiner finanziellen Inventur. Viel Spaß!

Schritt 1: Unterziehe deine Finanzen einer Inventur

Dinge, die wir nicht kennen, können uns eine Heidenangst einjagen. Viele Menschen haben im Dunkeln nicht Angst vor der Schwärze, sondern vor dem, was sich in ihr verbergen könnte. Genauso verhält es sich mit unseren Finanzen, wenn sie sich zu einem undurchsichtigen, diffusen Etwas auswachsen. Vielleicht kennen wir den Kontostand unseres meistgenutzten Girokontos, aber von den restlichen Konten und von unserer aktuellen Altersvorsorge haben wir nur eine grobe Vorstellung. Diese Ungewissheit kann alle möglichen Schreckensszenarien heraufbeschwören und dazu führen, dass wir ständig ein schlechtes finanzielles Gewissen haben, obwohl das vielleicht gar nicht nötig ist.

So in etwa war das bei Nina. Sie schob die Analyse ihrer finanziellen Situation immer weiter vor sich her, weil sie überzeugt war, dass ebenjene nicht besonders rosig aussähe. Ihren Glaubenssätzen entsprechend («Besser, du hältst dein Geld zusammen – du weißt nie, wann es dir ausgehen wird») hatte sie das Gefühl, dass wir über unsere Verhältnisse lebten und auf einen finanziellen Engpass zusteuerten. Erst als wir uns endlich hingesetzt, eine Bestandsaufnahme gemacht und einen längerfristigen Plan ausgearbeitet hatten, legte sich das Gefühl der diffusen Bedrohung. Und bei mir? War es eher Faulheit, die mich lange davon abgehalten hatte, die Inventur in Angriff zu nehmen.

Was auch immer der Grund ist – eine persönliche finanzielle Inventur zu machen, kann Überwindung kosten. Aber um die obige Metapher noch einmal zu strapazieren: Nur wenn wir Licht ins Dunkel unserer finanziellen Lage bringen, konfrontieren wir die Schatten und finden heraus, dass in ihnen womöglich gar keine Monster sitzen. Es lohnt sich also, einen genauen Blick auf dein Kapital, deine Einnahmen und Ausgaben zu werfen.

In diesem Kapitel erfährst du,
- wie du herausfindest, wie viel Geld du hast,
- wie du errechnest, wie viel Geld du aktuell brauchst,
- und was der Betrag ist, den du anlegen kannst.

Dein Kapital

Eine Kernfrage bei der Aufstellung deiner Finanzstrategie ist, wie viel Geld dir für deine Investitionen eigentlich zur Verfügung steht. Dieses Geld sollte im besten Fall nicht Teil deiner regelmäßigen Ausgaben sein, die du aktuell für deinen Lebensunterhalt brauchst und daher nicht langfristig investieren kannst. Es geht also um deinen finanziellen Überschuss. Dafür sind drei Zahlen wichtig: Der Geldbetrag, der auf deinen Konten liegt, dein regelmäßiges Einkommen und deine antizipierten Ausgaben.

Es ist sinnvoll, mit einer Bestandsaufnahme deiner Konten zu beginnen: Auf wie viel Geld könntest du in diesem

Moment zugreifen? Das herauszufinden, ist vergleichsweise simpel. Zunächst erstellst du eine Liste aller Konten, die du besitzt. Nimm dir einen Moment Zeit und denke nach: Hast du an alle deine Konten gedacht? Was ist zum Beispiel mit deinem PayPal-Account, deinem Sparbuch aus der Grundschule oder dem Konto, das du für dein Auslandsjahr eröffnet hast? In Schritt 2 werfen wir einen genaueren Blick auf deine Kontenstruktur. Nun geht es allerdings zunächst schlicht um eine Bestandsaufnahme.

Sobald du alle Konten zusammengetragen hast, schnapp dir deinen Laptop und überprüfe deine Kontostände im Onlinebanking.

Hier siehst du beispielhaft die Kontostände von Jana, deren Vision wir uns schon in Schritt 1 aus dem vorherigen Teil angeschaut haben.

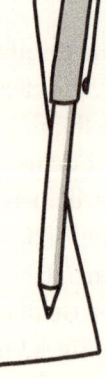

Meine Kontostände

Girokonto Sparkasse — 5.000 EUR
Girokonto Direktbank — 11.000 EUR
Sparbuch — 400 EUR
Auslandskonto — 3.000 EUR
Paypal-Guthaben — 100 EUR

Janas Kontostände

Dein Investitionspotenzial

Jana hat heute, nach Summierung aller Kontostände, 19 500 Euro zur Verfügung. Davon will sie vorerst drei Netto-Monatsgehälter – also 7500 Euro – auf die hohe Kante legen, etwa für Zahlungen und Anschaffungen, die sie in den nächsten Wochen und Monaten tätigen will oder muss. Einen gewissen Notgroschen parat zu haben, ist eine gute Idee – mehr dazu erzählen wir im nächsten Kapitel. 2000 Euro behält sie auf ihrem Girokonto für die Ausgaben des täglichen Lebens, wie Lebensmittel, Miete, Strom und Abos.

Wie du aus Teil II weißt, hat sie 10 000 Euro als Investitionsgrundstock für ihr zukünftiges Haus eingeplant. Diesen Betrag möchte Jana möglichst nachhaltig investieren. Doch dieser Betrag ist nicht alles, was Jana investieren kann und will, um sich perspektivisch den Traum eines eigenen Hauses zu verwirklichen. Jeden Monat wächst ihr Kontostand beim Eingang ihres Gehalts weiter an – und das trotz ihrer monatlichen Ausgaben. Jana ist in der Lage, monatlich einen Teil ihres Gehalts zurückzulegen.

Wie sieht das bei dir aus? Um diese Frage zu beantworten, schätzt du als Erstes dein monatliches Einkommen. Wenn du angestellt bist, ist das relativ simpel – du schaust einfach auf deinem Girokonto nach. Vielleicht gibt es auch noch weitere Einnahmen, etwa: Geld, das von den Eltern eingeht, Stipendien, Kindergeld oder andere Nebeneinkünfte. Falls du selbstständig bist, sieht die Lage noch etwas komplexer aus – hier lohnt sich eine gründlichere Rechnung. Nina errechnet ihre Investitionen auf Basis einer konservativen Gewinnprognose und investiert Mehreinnahmen, falls sich herausstellt, dass sie doch mehr Geld zur Verfügung hat.

Sobald du dein monatliches Einkommen festgehalten hast, fertigst du eine Liste deiner monatlichen Ausgaben an. Die Differenz sagt dir, wie hoch dein Sparpotenzial ist.

So weit, so einfach – doch der Teufel steckt im Detail. Deine monatlichen Ausgaben zu überschlagen, kann sich kompliziert gestalten. Schließlich ist kein Monat wie der andere. Für eine realistische Schätzung führt also kein Weg an einer kleinen Recherche vorbei. Erstelle eine möglichst vollständige Liste deiner Ausgaben inklusive der realistischen monatlichen Kosten.

Bevor du dich allerdings darauf stürzt und zu tief ins Detail gehst, hier noch ein Hinweis: Es geht bei der Berechnung deiner Ausgaben um eine realistische Schätzung, nicht um einen genauen Betrag. Solltest du mit deiner Schätzung falschliegen, lässt sich der monatliche Investitionsbetrag natürlich auch jederzeit anpassen. Vielleicht entdeckst du aber auf die Weise Abos oder Kosten, die eigentlich gar nicht mehr notwendig sind oder die einfach so mitlaufen, etwa das Streaming-Abo, das man längst nicht mehr nutzt.

Als Orientierung für deine Aufstellung findest du hier Janas Liste mit allen monatlichen Posten, die sie bedacht hat. Jana ist angestellt, wohnt zur Miete und hat kein Auto.

Gehalt (netto): 2500 Euro

Ausgaben:

- Haus / Wohnung
  - Miete – 600 EUR
  - Kredit – /
  - Hausgeld – /
  - Immobilienversicherungen – /
  - Sonstiges – /
- Versicherungen
  - Krankenversicherung – 300 EUR
  - Kfz-Versicherung – /
  - Hausratversicherung – /
  - Haftpflichtversicherung – 10 EUR
  - Berufsunfähigkeit – 30 EUR
  - Private Rentenversicherung – 100 EUR
  - Sonstiges – /
- Haushalt
  - Lebensmittel – 250 EUR
  - Reinigung / Putzen – 10 EUR
  - Sonstiges – 15 EUR
- Transport
  - Abos (Bahncard etc.) – 60 EUR
  - Fahrtkosten (Benzin, Fahrradwartung etc.) – 5 EUR
  - Sonstiges – 30 EUR
- Freizeit
  - Auswärts Essen / Feiern – 200 EUR
  - Kultur (Kino, Theater ...) – 50 EUR
  - Sport (Fitnessstudio, Kurse, Online-Abos etc.) – 40 EUR
  - Geschenke – 50 EUR

- Urlaub – 100 EUR
- Sonstiges – 20 EUR
• Medien
  - Mobilfunkverträge – 20 EUR
  - Abos (Streaming, Zeitschriften, Zeitungen etc.) – 20 EUR
  - Bücher – 20 EUR
  - GEZ – 20 EUR
  - Sonstiges – /
• Kinder
  - Kita-Gebühren – /
  - Kleidung – /
  - Geburtstage – /
  - Sonstiges – /
• Sonstiges
  - Spenden – 50 EUR
  - Unterhalt – /
  - Sonstige Kredite – /

Gesamte Ausgaben: 2000 Euro
Einnahmen – Ausgaben = 500 Euro

Janas monatliche Kosten belaufen sich auf 2000 Euro. Bei ihrem Gehalt von ca. 2500 netto, ergibt sich ein monatliches Sparpotenzial von 500 Euro.

Wie sieht es bei dir aus? Sobald du eine vollständige Liste erstellt hast, kannst du die Beträge addieren und erhältst deine gesamten monatlichen Ausgaben. Diesen Betrag ziehst du von deinem monatlichen Einkommen ab. Das Ergebnis ist dein monatliches Sparpotenzial.

Nun hast du also zwei Beträge, die für deine Investitionsstrategie relevant sind: den Überschuss auf deinen bereits bestehenden Konten, den du einmalig investieren kannst, und den monatlichen Überschuss, der dir für regelmäßige Investitionen zur Verfügung steht.

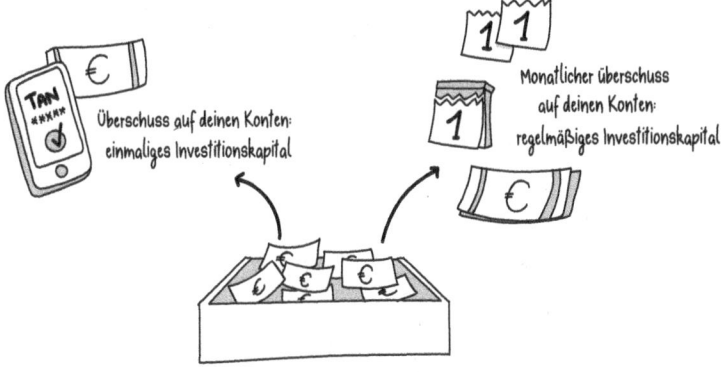

Überschuss auf deinen Konten: einmaliges Investitionskapital

Monatlicher überschuss auf deinen Konten: regelmäßiges Investitionskapital

Einmaliges und regelmäßiges Investitionskapital

Bevor du dich diesen Investitionen widmest, wirf einen Blick auf deine Basis: Auf welchen Girokonten soll dein nicht investiertes Geld liegen und für deine alltäglichen Zahlungen zur Verfügung stehen? Wie viele Konten brauchst du, und welche Banken sind besonders nachhaltig? Das klären wir in Schritt 2 deiner finanziellen Aufstellung.

Für Eilige

Um herauszufinden, wie viel Geld du investieren und wie viel du für den spontanen Zugriff zurückhalten solltest, sind drei Beträge relevant:

– Das Kapital auf deinen Konten,
– deine monatlichen Ausgaben und
– deine geschätzten zukünftigen Ausgaben (inkl. einer finanziellen Rücklage für Notfälle).

Aus diesen drei Beträgen kannst du den Überschuss errechnen, der dir für Investitionen zur Verfügung steht.

Schritt 2: Richte dir ein grünes Girokonto ein

Hinter deine finanzielle Inventur kannst du jetzt einen Haken setzen. Wie fühlt es sich an? Hast du das Gefühl, mehr Klarheit in deine Finanzen gebracht zu haben? So war es jedenfalls bei Nina und mir. Erst als wir unsere Inventur in Angriff nahmen, fiel uns die Unordnung in unseren Finanzen auf.

Es ist wie beim Umzug – wenn man anfängt, Kisten zu packen, merkt man erst, wie viel Zeug eigentlich ungenutzt im Keller steht. In unserem Finanzkeller befanden sich sage und schreibe 12 Girokonten in drei Währungen. Bei jedem Auslandsaufenthalt oder in jeder neuen Lebensphase waren Konten hinzugekommen. Die unbenutzten Konten hatten wir sporadisch leer geräumt und ein paar Euros, Pfund oder Franken darauf herumdümpeln lassen. Als wir all diese Beträge und unsere Ausgaben gegenüberstellten, kam ein Überschuss heraus, den wir investieren wollten. Doch was sollte mit dem übrigen Geld passieren? Welche unserer Konten sollten wir behalten, oder sollten wir gar noch ein neues Konto eröffnen?

Warum du nicht all dein Geld investieren solltest, liegt auf der Hand: Du brauchst Geld, auf das du für den täglichen Zahlungsverkehr und in Notsituationen zugreifen kannst.

Denn Geld erfüllt für die meisten Menschen die drei folgenden, wichtigen Funktionen:

- Es soll dein **alltägliches Leben** finanzieren – das sind deine Ausgaben aus Schritt 1.
- Es soll dir in **Notsituationen** helfen, etwa wenn die Waschmaschine kaputtgeht oder du deinen Job verlierst – deine antizipierten Ausgaben aus Schritt 1.
- Es soll dir durch **Investitionen** auch langfristig ein gutes Leben ermöglichen, indem es sich vermehrt und für spätere Zeiten, Wünsche und Visionen bereitliegt – dein einmaliges und regelmäßiges Investitionskapital aus Schritt 1.

Diese drei Funktionen fassen wir im goldenen Dreieck der Finanzaufstellung zusammen, das zum Einmaleins jedes Finanzratgebers gehört:

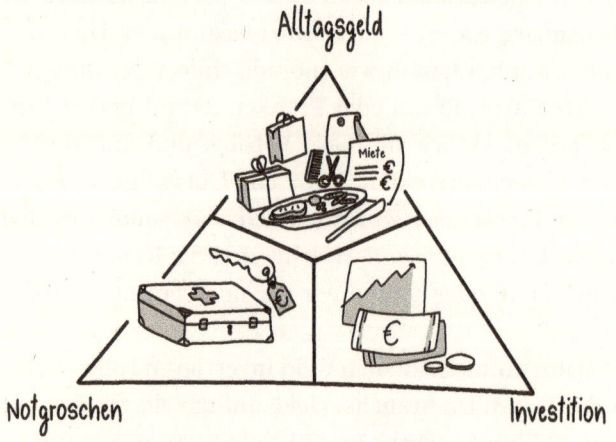

Das goldene Dreieck der Finanzaufstellung

Aus dem Dreieck lassen sich zwei Grundprinzipien für deine Finanzaufstellung ableiten. Erstens: Nur wenn du an alle drei Ecken gedacht hast, kannst du eine vollständige Finanzplanung durchführen. Und zweitens: Nur wenn du die Nachhaltigkeit aller drei Ecken bedacht hast, erhältst du eine wirklich *grüne* Finanzaufstellung.

Jeder Aspekt des Dreiecks bringt andere Anforderungen mit sich: Für die Ausgaben deines alltäglichen Lebens und die spontane Finanzspritze brauchst du Finanzprodukte, die dir den sofortigen Zugriff ermöglichen und dein Geld möglichst sicher verwahren. Für den langfristigen Kapitalaufbau eignen sich Finanzprodukte, die du möglichst dauerhaft nicht anfasst und die möglichst viel Rendite erbringen.

Bevor wir uns also der nachhaltigen Investition deines Geldes widmen, soll es in diesem Kapitel um die anderen beiden Ecken des Dreiecks gehen: um dein Alltagsgeld und deinen Notgroschen.

In diesem Kapitel erfährst du,

- wieso sich Sparbücher, Tages- und Festgeldkonten gegenwärtig kaum lohnen,
- wie viele Girokonten sinnvoll für dich sind
- und welche der deutschen Banken besonders nachhaltig, nutzerfreundlich und kostengünstig sind.

Giro-, Spar-, Tages- und Festgeldkonten

Es ist wichtig, dass du sofort und möglichst einfach auf das Geld für deinen alltäglichen Gebrauch und deinen Notgroschen zugreifen kannst und es keinen finanziellen Risiken ausgesetzt ist, also nicht aufgrund von Kursschwankungen plötzlich dahinschmelzen kann. Um diese Bedingungen – schneller Zugriff und sichere Anlage – zu gewährleisten, gibt es verschiedene Finanzprodukte, die ich dir kurz vorstellen möchte. Es handelt sich um Giro-, Spar-, Tagesgeld- und Festgeldkonten.

Vermutlich kennst du aus dieser Kategorie vornehmlich das Girokonto. Ein Girokonto ist das grundlegendste aller Konten, und sicherlich hast du selbst mindestens eines. Über ein Girokonto wickeln die meisten Menschen ihren täglichen Zahlungsverkehr ab. Auch ein PayPal-Konto könnte man als eine Art Girokonto bezeichnen, nur liegt es eben bei einem großen Tech-Konzern und keiner typischen Bank. Für Geld auf deinem Girokonto bekommst du keine Zinsen. Du kannst das Geld aber auch nicht durch Kursschwankungen verlieren – es verliert einzig aufgrund der Inflation oder bei sehr hohen Beträgen aufgrund von Negativzinsen an Wert. All das ist für die meisten vermutlich nichts Neues.

Kommen wir also zum zweiten Finanzprodukt, bei dem dein Geld vergleichsweise sicher und zugleich einigermaßen flexibel verwahrt wird: dem Sparkonto, einem Lieblingsprodukt der Deutschen. Vielleicht hattest du als Kind ein Sparbuch, ein kleines Heftchen, in dem fein säuberlich die Einzahlungen aufgelistet waren. In meiner

Schulzeit wurde sogar noch jährlich der «Weltspartag» begangen: Die örtliche Sparkasse kam in die Aula, nahm mein angespartes Taschengeld entgegen und trug es fein säuberlich in mein Sparbuch ein, auf dem bunte Comics abgedruckt waren.

Wenn ich Glück hatte, bekam ich sogar einen Luftballon oder ein Stofftier. Leider sieht die Situation heute etwas anders aus. Nicht nur, dass ich keine Stofftiere mehr geschenkt bekomme, wenn ich zur Bank gehe – auch die Zinsen auf mein Sparbuch bleiben aus. Während man 1980 noch 4,6 Prozent auf sein Erspartes bekam, waren es 2008 noch 2,3 Prozent und 2020 nur noch mickrige 0,1 Prozent. Da die Inflation deutlich über 0,1 Prozent liegt, im Januar 2022 bei +4,9 Prozent, verlierst du mit einem Sparbuch also jährlich Geld. Deshalb titelte Focus Money im Jahr 2021: «Es hat sich ausgespart: Das rote Sparbuch ist beerdigt!» Noch dazu sind die Abhebungen im Vergleich zu einem Tagesgeldkonto (dazu gleich mehr) kompliziert und begrenzt, zum Beispiel wie bei der Sparkasse auf monatlich 2000 Euro. Ein Sparbuch eignet sich also weder für den schnellen Zugriff auf dein Alltagsgeld oder den Notgroschen.

Produkt Nummer drei aus der Kategorie «einigermaßen sicher und flexibel» ist das Tagesgeldkonto. Gegenüber einem Sparbuch bietet es den Vorteil, dass du täglich und meist auch online Geld abheben kannst. Dazu gibt es üblicherweise höhere Zinsen als auf einem Sparbuch, wobei die Zinsen für Tagesgeldkonten ebenfalls seit Jahren rückläufig sind. Auch hier verlierst du bei aktueller Inflation jährlich Geld, solange diese weiterhin über den Zinsen liegt.

Der Vollständigkeit halber erwähne ich auch das Festgeldkonto. Es ist, wie der Name bereits sagt, zwar bei Weitem nicht so flexibel wie Sparbuch, Tagesgeld- oder Girokonto, dafür aber ähnlich sicher. Was die Zinsen angeht, sieht es bei einem Festgeldkonto derzeit aber nur geringfügig besser aus als auf einem Tagesgeldkonto. Aktuell sind die Zinsen für diese Art Konto so niedrig, dass es sich kaum lohnt, dort Geld einzuzahlen. Denn liegt die Inflation, also die Geldentwertung, über dem Zinssatz, den du auf dein Erspartes bekommst, verlierst du jedes Jahr Geld. Liegt die Inflation wie im Januar 2022 bei 4,9 Prozent, die Zinsen auf dein Sparkonto liegen aber nur bei 0,5 Prozent, verlierst du jährlich also etwa 4 Prozent. Deshalb gilt: Investiere so viel wie möglich des Geldes, an das du nicht sofort herankommen musst und auf das du notfalls verzichten kannst. Das gilt insbesondere in den Zeiten hoher Inflation, aber die Europäische Zentralbank strebt langfristig eine Inflationsrate von rund 2 Prozent an. Wenn du also weniger Geld auf dein Sparkonto als 2 Prozent bekommst, verlierst du real Geld.

Da sich Sparbücher, Tages- und Festgeldkonten aktuell nicht lohnen, kannst du dein Alltagsgeld und deinen Notgroschen der Einfachheit halber über ein Girokonto abwickeln. Es bietet dir Flexibilität und vielseitige Bezahlmöglichkeiten, etwa die Verknüpfung mit Apple oder Google Pay, sodass du direkt mit deinem Handy bezahlen kannst. Sehen wir uns das Girokonto mal genauer an und starten mit der Frage: Wie viele Girokonten brauchst du überhaupt?

Dein Kontensystem

Warum ist es wichtig, über die Anzahl der eigenen Giro-konten nachzudenken? Braucht man nicht nur eines?

Ja, es kann sein, dass du nur ein Konto brauchst. Jedoch glauben wir, dass es für fast alle sinnvoll sein kann, mehrere Konten zu haben. Der simpelste Fall: Du verlierst deine Bankkarte, und schon lohnt sich die weitere Karte bei einer anderen Bank.

Auch wenn du viel Geld zurückgelegt hast, kann es sinnvoll sein, mehrere Konten zu eröffnen, denn die Einlagensicherung schützt im Falle des Bankrotts nur bis zu 100 000 Euro pro Girokonto. Falls du 200 000 Euro auf deinem Konto hast, ist also nur die Hälfte davon geschützt. Teilst du die 200 000 Euro also auf zwei Konten bei zwei verschiedenen Banken auf, ist der volle Betrag geschützt.

Es kann aber auch sein, dass sich für dich mehrere Konten aufgrund deiner beruflichen und privaten Situation anbieten. Den Notgroschen und das Alltagsgeld in zwei verschiedenen Töpfen aufzubewahren, kann zum Beispiel den Vorteil haben, dass du nicht aus Versehen und unnötigerweise deinen Notgroschen antastest.

Als Beispiel hier die Kontenstruktur, die Nina und ich für unsere spezielle Situation entwickelt haben.

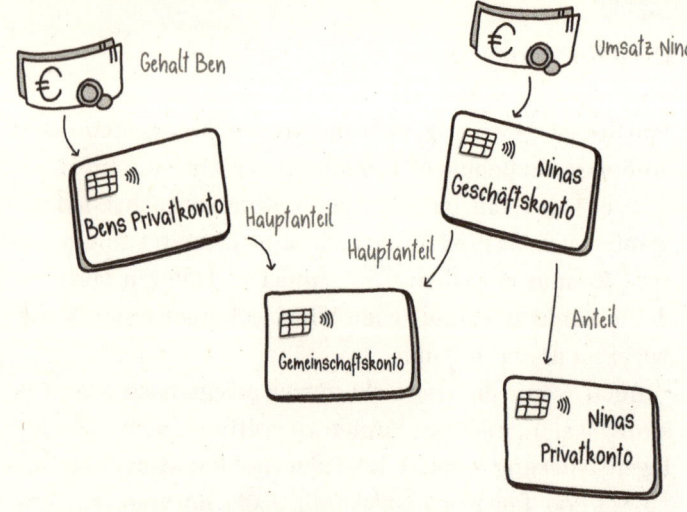

Unsere Kontenstruktur

Zugegeben, unsere Situation ist ein besonderer Fall – denn wir haben uns in unserer Beziehung für eine gemeinsame Finanzstruktur entschieden, und noch dazu ist Nina selbstständig, was weitere Konten erfordert. Wichtige Fragen bei der Aufstellung deiner Kontenstruktur sind also: Befinde ich mich in einer Beziehung, in der ich die Finanzen langfristig gemeinsam denken will? Und: Bin ich selbstständig oder angestellt?

Unsere Einnahmen landen auf jeweils einem Girokonto. Von diesen Einnahmen legen wir einen Teil für Steuern, berufliche Versicherungen und Geschäftsausgaben zurück. Der Rest wird aufgeteilt: Ich, der ich angestellt bin, ziehe einfach einen Teil für meinen persönlichen Gebrauch ab. Dieser Teil verbleibt auf meinem Girokonto. Es ist mein persönlicher Notgroschen und dient als mein

Alltagsgeld für Unternehmungen, bei denen Nina nicht dabei ist. Ich habe in meinem Girokonto zwei Unterkonten, das eine ist für meinen Notgroschen, das andere für alltägliche Ausgaben. Den Rest überweise ich auf ein Gemeinschafts-Girokonto, auf das sowohl Nina als auch ich Zugriff haben und das wir für unsere alltäglichen Ausgaben nutzen.

Nina überweist einen Teil des Geldes von ihrem Geschäftskonto an ihr eigenes Privatkonto, um Berufliches und Privates zu trennen, und einen Teil an unser Gemeinschaftskonto. Diese Aufteilung eröffnet uns die Möglichkeit, zwischen Notgroschen und Alltagsgeld zu unterscheiden und noch dazu die finanzielle Gerechtigkeit in unserer Partnerschaft zu fördern. Für uns funktioniert das System gut. Das heißt allerdings nicht, dass es auch für dich das Richtige sein muss.

Vielleicht möchtest du lieber getrennte Konten haben oder statt zwei unterschiedlichen Konten für Notgroschen und Alltagsgeld ein einziges Konto mit Unterkonten führen. Letzteres gibt es mittlerweile bei einigen Direktbanken (bei der Tomorrow Bank werden sie zum Beispiel «Pockets» genannt). Das einzig Wichtige ist, dass dein Kontensystem dich dabei unterstützt, alle Ecken des Finanzdreiecks mit Leben (beziehungsweise Geld) zu füllen.

Eine Faustregel für den Notgroschen ist übrigens, dass er zwei bis drei Netto-Monatsgehälter betragen sollte. Wenn dein Gehalt sich auf 2000 Euro monatlich beläuft, solltest du bis zu 6000 Euro auf deinem Girokonto als Notgroschen bereithalten. Vielleicht hast du aber auch ein höheres Sicherheitsbedürfnis, dann gilt: Du sollst dich mit deinem Notgroschen wohlfühlen.

Die Wahl der richtigen Bank

Jetzt, da du geklärt hast, wie viele Girokonten du haben möchtest, stellt sich die Frage: Bei welcher Bank solltest du dein Konto eröffnen, ist deine aktuelle Bank vielleicht schon die richtige, oder solltest du zu einer anderen Bank umziehen? Und wenn ja, zu welcher? Dabei lautet die Grundfrage natürlich: Welche Banken sind besonders nachhaltig?

Um dich durch die Vielzahl von Banken und ihre Angebote zu navigieren, beziehen wir uns bei der Bewertung der Nachhaltigkeit auf die Recherchen von Facing Finance. Facing Finance ist eine Nichtregierungsorganisation, die sich seit 2010 für «einen verantwortungsbewussten und nachhaltigen Umgang mit Geld» einsetzt.

In ihrem Fair Finance Guide bewertet die NGO eine Reihe von konventionellen Banken und Öko-Banken entlang verschiedener Kriterien – etwa Klimaschutz, Menschenrechte und Gender Equality.

Natürlich sind alle diese Kriterien wichtig, aber da der Fokus dieses Buchs auf Klimaschutz liegt, lege ich besonders viel Wert auf dieses Bewertungskriterium. Interessieren dich die weiteren Kriterien, dann schau einfach direkt auf der Webseite des Fair Finance Guide vorbei.

Bei der Bewertung des Klimaschutzes der einzelnen Banken legt der Fair Finance Guide folgende Kriterien an:

- Erstellt und veröffentlicht die Bank eine CO_2-Bilanz, welche die direkten und indirekten Emissionen der Bank misst?

- Stehen die von der Bank erstellten und veröffentlichten Emissionen im Einklang mit den Pariser Klimazielen?
- Verpflichten sich die Banken, Investitionen in fossile Brennstoffe wie Öl und Kohle zu beenden?

Neben der Nachhaltigkeit einer Bank wollen wir aber noch zwei weitere Facetten in die Bewertung miteinbeziehen – die Nutzerfreundlichkeit und die Kosten, die durch die Kontoführung anfallen. Aber jetzt nehmen wir erst mal die Nachhaltigkeit der Banken unter die Lupe. In puncto Klimaschutz schneiden die deutschen Banken im Fair Finance Guide folgendermaßen ab:

Deutsche Banken im Fair-Finance-Vergleich

Bank	Fair-Finance-Klimaschutzbewertung Stand: März 2022 0–100 %, 100 % höchste Bewertung
GLS Bank	99 %
Triodos Bank	86 %
EthikBank	85 %
Pax-Bank	75 %
KD-Bank	67 %
Landesbank Baden-Württemberg (LBBW)	51 %

Bank	Fair-Finance-Klimaschutzbewertung Stand: März 2022 0–100 %, 100 % höchste Bewertung
ING	50 %
Commerzbank	46 %
Apotheker- und Ärzte-bank	44 %
HypoVereinsbank	40 %
Deutsche Bank	36 %
DZ-Bank	36 %
Sparkasse (Düsseldorf)	32 %
Bayern-LB	26 %

Wie du siehst, sind die Vorreiter sogenannte «ethisch-ökologische Banken». Diese möchten wir dir eingehender vorstellen. Zusätzlich zu den aufgelisteten Banken wollen wir uns die Tomorrow Bank anschauen, ein Start-up aus Hamburg, das nachhaltige Girokonten anbietet und im Gegensatz zu den anderen Banken eine sehr benutzerfreundliche App mitbringt. Die Tomorrow Bank hat noch kein Rating vom Fair Finance Guide bekommen, da sie bislang noch keine Kredite an Firmen vergibt.

Wir haben dir jeweils ein kurzes Profil der Spitzenreiter des Fair Finance Guide zusammengestellt, damit du dir einen ersten Eindruck verschaffen kannst: GLS Bank, EthikBank, Triodos Bank, die Pax- & KD-Bank sowie die Tomorrow Bank.

Vorreiterin im Klimaschutz: GLS Bank

Die GLS Bank kommt aus der Zeit der Friedensbewegung im Deutschland der 60er-Jahre. Ihre Grundidee ist einfach: «Geld ist für die Menschen da» – und eben nicht andersherum. Die Gründung geht auf den Finanzierungsversuch einer Waldorfschule im Ruhrgebiet zurück, die von öffentlichen Stellen und örtlichen Banken keine Kredite bekam. 1988 finanzierte die GLS Bank eine der ersten Windkraftanlagen Deutschlands auf einem Bauernhof nahe Hamburg. Heute ist sie nach eigenen Angaben mit mehr als 300 000 Kund:innen die «größte nachhaltige Bank Deutschlands». Neben der Finanzierung von erneuerbarer Energie investiert die GLS Bank in verschiedene Sektoren wie nachhaltiges Wohnen, Bildung, Kultur und Landwirtschaft.

Stichwort Nachhaltigkeit: In puncto Klimaschutz ist die Bank Vorreiterin Sie stellt nicht nur eine CO_2-Bilanz ihres Finanzierungsportfolios auf, sie richtet dieses auch so aus, dass es mit den Zielen des Pariser Klimavertrags d'accord ist.

Matriarchin der Nachhaltigkeitsbanken: Triodos Bank

Triodos ist eine niederländische Bank, die 1980 gegründet wurde und seit 2009 auch in Deutschland aktiv ist. Sie ist die größte sozial-ökologische Bank in Europa mit rund 1400 Mitarbeitenden, Ablegern in Großbritannien, Spanien und Belgien.

Stichwort Nachhaltigkeit: Die CO_2-Emissionen aller von der Triodos Bank getätigten Investitionen und Kredite werden bilanziert und veröffentlicht. Jedoch gibt es noch keine konkrete Abstimmung der Strategie mit den Zielen des Pariser Klimaabkommens.

Die Moralische: EthikBank

Die EthikBank wurde im Jahr 2002 von Sylke Schröder und Klaus Euler gegründet. Sylke Schröder kurierte laut der Geschichte auf der Bank-Website im Garten liegend ihr Fußgelenk und las einen Artikel, in dem berichtet wurde, dass besonders für Frauen neben Profiten auch ethische Kriterien bei der Geldanlage wichtig seien. Nach einigen Pilot-Konten – eines für Frauen, ein Umwelt- und ein Ethik-Konto – startete die Bank in Form einer Zweigniederlassung, der thüringischen Volksbank Eisenberg eG, als ethisch-ökologische Direktbank.

Stichwort Nachhaltigkeit: Die Bank schließt fossile Brennstoffe aus, führt aber keine so detaillierte CO_2-Bilanzierung durch, wie beispielsweise die GLS Bank.

Die Christliche: Pax- & KD-Bank

Die Pax-Bank und die KD-Bank sind zwei ökologisch-soziale Banken, die sich auf christliche Werte berufen. Die Pax-Bank wurde 1917 gegründet, die KD-Bank für Kirche und Diakonie 1925 – sie gehören also zu den ältesten ethischen Banken Deutschlands.

Stichwort Nachhaltigkeit: Die Pax-Bank schließt Investitionen in Kohleförderung aus, aber einen kategorischen Ausschluss von Öl- und Gasförderung gibt es nicht. Auch die Messung und Festlegung der von der Pax-Bank finanzierten Emissionen findet noch nicht statt. Bei der KD-Bank sieht es ähnlich aus: Zwar werden keine Kredite an Unternehmen vergeben, die fossile Brennstoffe fördern oder verstromen, jedoch sieht die Bank laut Fair Finance Guide selbst noch «Optimierungsbedarf» bei den eigenen Klima-Richtlinien.

Die Neue: Tomorrow Bank

Wie du in den Kurzprofilen der ökologischen Banken bisher gesehen hast, können viele von ihnen auf eine lange Geschichte zurückblicken. Die Tomorrow ist «The new kid on the blog», das Start-up gibt es erst seit 2018, aber schon mehr als 100 000 Kund:innen haben sich für ein Konto bei Tomorrow entschieden (Stand: März 2022).

Stichwort Nachhaltigkeit: Da Tomorrow noch nicht selbst Kredite an Firmen vergibt, ist das Start-up auch noch nicht im Fair Finance Guide bewertet. Laut Tomorrow werden aber «ausschließlich nachhaltige und soziale Projekte» finanziert und «kein Cent in Rüstung, Kohlekraft und Co» gesteckt. Eine Begutachtung eines vertraulichen Nachhaltigkeitsberichts von Tomorrow, die dem Fair Finance Guide vorliegt, zeigt, dass Tomorrow ein «Vergleich mit den im Fair Finance Guide am besten bewerteten Banken nicht scheuen [muss]». Deshalb haben wir die Bank auch in diese Übersicht aufgenommen.

Wahrscheinlich hast du nach diesem Überblick schon ein erstes Gefühl entwickelt, zu welcher Bank es dich zieht. Neben der Nachhaltigkeit einer Bank wollen wir aber noch zwei weitere Facetten in die Bewertung miteinbeziehen – die Nutzerfreundlichkeit und die Kosten, die durch die Kontoführung anfallen.

Nutzerfreundlichkeit & Kosten

Nina und ich haben vor ein paar Jahren den Entschluss gefasst, bei einer nachhaltigen Bank ein Girokonto zu eröffnen. Guten Mutes füllten wir online alle nötigen Formulare aus. Ein paar Tage später bekamen wir Post, weitere Dokumente mussten unterzeichnet werden. Der Anmeldeprozess war etwas aufwendiger als bei einer der klassischen Tech-Banken, bei denen man in wenigen Minuten alles online erledigen kann.

Wieder ein paar Tage später hielten wir den Bestätigungsbrief in Händen. Endlich geschafft! Wir loggten uns ins Online-Bezahlsystem ein – und fühlten uns in die Vergangenheit zurückversetzt, Windows 95-Style. Das Onlinebanking-System war die Hölle. Den Eingang einer Zahlung im eigenen Konto zu finden, geriet zeitweise zu einer halbstündigen Knobelaufgabe.

Wir behielten das Konto trotzdem, teils aus Faulheit, teils aus schlechtem Gewissen. Doch richtig froh wurden wir damit nie. Mittlerweile sind wir zu einer anderen grünen Bank umgezogen und das Onlinebanking ist wieder deutlich entspannter.

Worauf ich hinausmöchte: Bei aller Priorisierung der Nachhaltigkeit eines Kontos – Nutzerfreundlichkeit ist heutzutage und vor allem in den jüngeren Generationen ein Muss. Um die Nutzerfreundlichkeit zu überprüfen, sehen wir uns an, welche Banken folgende Punkte erfüllen:

- Sind kostenlose Bargeldabhebungen möglich?
- Sind Apple oder Google Pay verfügbar?
- Sind die Bewertungen in Bezug auf die Nutzerfreundlichkeit hoch?[1]

Der Haken an unserem ersten nachhaltigen Konto war, dass es neben der mangelnden Nutzerfreundlichkeit teuer war. Wir bezahlten also jeden Monat für einen Service, mit dem wir nicht froh waren. Deshalb: Neben der Nutzerfreundlichkeit sind natürlich auch die entstehenden Kosten wichtig, wenn du dich für ein Girokonto bei einer Bank entscheidest. Folgende Fragen sehen wir uns genauer an:

- Wie viel kostet die Kontoführung?
- Wie viel kostet die Giro-Karte?
- Wie viel kosten Kreditkarte und Abhebungen im Ausland?

Damit du alles auf einen Blick hast und dir ein möglichst objektiver Vergleich zur Verfügung steht, haben wir dir eine Tabelle zusammengestellt. Natürlich berufen wir uns auf die derzeit verfügbaren Zahlen (Stand: Februar 2022), und diese können sich bereits verändert haben, wenn du das hier liest. Die Bewertung der Nachhaltigkeit basiert weiterhin auf dem Fair Finance Report. Die vier grünen

---

1 Durchschnittliche Bewertung der Apps im Apple-App-Store. Im Android-Store fallen die Bewertungen ganz ähnlich aus.

Spitzenreiter und die Tomorrow Bank stellen wir dir hier vor – geordnet nach ihrem Abschneiden in puncto Nachhaltigkeit. Die hier aufgelisteten Kosten können sich je nach Alter und anderen Kriterien leicht unterscheiden, geben dir aber einen ersten Anhaltspunkt, was finanziell auf dich zukommt, wenn du dich für eine der Banken entscheidest.

Bei den ethisch-ökologischen Banken sind die Nachhaltigkeitsbewertungen wie erwartet um einiges höher als bei den konventionellen Banken. Doch auch hier ergibt sich ein Ranking: Die GLS schneidet im Nachhaltigkeitsranking am besten ab, dicht gefolgt von der Triodos Bank und der EthikBank. Die Queen der Nutzerfreundlichkeit, die sogar alle App-Bewertungen der hier aufgezählten konventionellen Banken sticht, ist die Tomorrow Bank. Auch bei den Kosten hat Tomorrow gemeinsam mit der Pax-Bank die Nase vorne. Die «Now»-Version des Tomorrow-Girokontos kostet 36 Euro im Jahr, dafür zahlst du für jede Abhebung 2 Euro. Die «Change»-Version hingegen kostet 84 Euro im Jahr, dafür gibt es 5 kostenlose Abhebungen im Monat, während bei den anderen Banken Kosten für das Girokonto, die Girokontenkarte und die Kreditkarte (optional) zusammen zwischen 120 und 152 Euro Jahresgebühren anfallen. Jedoch bietet Tomorrow nur eine Debit-Karte an, keine klassischen Kreditkarten, welche man in der Regel für Automietungen und Ähnliches braucht.

Also: Bei der Nachhaltigkeitsbewertung schneidet die GLS am besten ab, während Tomorrow bei der Nutzerfreundlichkeit und den Kosten die Nase vorne hat. Da sich laut Fair Finance Guide die Tomorrow Bank in puncto

Nachhaltigkeit nicht verstecken muss, schneidet sie insgesamt am besten ab.

	Nutzerfreundlichkeit			Kosten				Nachhaltigkeit
	Kostenlose Bargeldabhebung	App-Bewertung Apple Store (1–5)	Google / Apple Pay	Girokonto inklusive etwaiger Zusatzkosten (Euro / Jahr)	Giro-Karte (Euro / Jahr)	Kreditkarte (Euro / Jahr)	Gesamt (Euro / Jahr)	Fair-Finance-Guide-Bewertung (0–100 %)
Tomorrow	Nein	4,9	Ja	36–84	0	–	36–84	–
GLS	Ja	3,3	Ja	106	15	30	151	99 %
Triodos	Ja	2,4	Ja	66	15	39	120	86 %
EthikBank	Ja	3,3	Ja	102	15	35	152	85 %
Pax-Bank	Ja	3,3	Ja	30	5	30	65	75 %

Stand: März 2022

Für Eilige

Für deine finanzielle Strategie solltest du das goldene Dreieck der Finanzaufstellung berücksichtigen: Alltagsgeld, Notgroschen und Investitionen.

Für den Notgroschen legst du im besten Fall zwei bis drei Nettomonatsgehälter zurück, sodass du jederzeit auf das Geld zugreifen kannst.

Aufgrund der anhaltend niedrigen Zinsen lohnt es sich kaum, deinen Notgroschen in Tagesgeld, Festgeld oder Sparkonten anzulegen.

Dabei ist es sinnvoll, sich basierend auf deiner persönlichen Situation genau zu überlegen, wie viele Girokonten du brauchst, damit du einen guten Überblick über deine finanzielle Situation hast und etwaige Überschüsse investieren kannst.

Bei der Wahl der Bank für deine Girokonten solltest du drei Aspekte berücksichtigen: Nachhaltigkeit, Nutzerfreundlichkeit und anfallende Kosten. Ethisch-ökologische Banken schneiden in der Bewertung des Fair Finance Guide in Bezug auf Nachhaltigkeit deutlich besser ab als konventionelle Banken. Eine Vergleichstabelle findest du auf Seite 179 f. Bei unserem Vergleich der in puncto Nachhaltigkeit besten fünf Banken gibt es in Bezug auf Nachhaltigkeit, Nutzerfreundlichkeit und Kosten eine klare Gewinnerin: die Tomorrow Bank. Eine Vergleichstabelle findest du auf Seite 187.

Schritt 3: Tätige deine ersten Investitionen

Willkommen im Investitionskapitel! Bevor wir uns hineinstürzen: Klopf dir selbst auf die Schulter. Du bist weit gekommen in den letzten Kapiteln. Du hast eine Vision entwickelt, deine Glaubenssätze identifiziert und deinen persönlichen Investitionstyp ermittelt. Du weißt also, wo du hinwillst, wie du mit der nervigen Stimme im eigenen Kopf umgehen kannst, die dich davon abhält, deine Vision zu erreichen und kannst dich selbst in Sachen Nachhaltigkeitsbestreben und Sicherheitsbedürfnis viel besser verorten.

Die ersten Schritte für deine finanzielle Aufstellung bist du vermutlich auch schon gegangen: Du hast eine finanzielle Inventur vorgenommen, ein grünes Girokonto eröffnet und damit den Grundstock für deine täglichen Finanzen gelegt. Nun geht es also um das Investieren.

Basierend auf deinem Investitionstyp und entsprechend deinen Präferenzen hinsichtlich Sicherheit und Nachhaltigkeit, werde ich dich in diesem Kapitel Schritt für Schritt zu deinem persönlichen Anlageportfolio führen. Auf geht es also: Nimm den Schwung mit, den du bis hierhin bereits gesammelt hast, und leg los mit deinen Investitionen!

In diesem Kapitel erfährst du,

- welche Anlageprodukte es gibt und was ihre Vor- und Nachteile sind,
- welche Anlageprodukte zu deinem Investitionstyp passen,
- warum sich ETFs als Herzstück deines Portfolios eignen
- und wie du Schritt für Schritt dein passendes Investitionsportfolio erstellst.

Deine Anlageoptionen

Bevor du beginnen kannst, aktiv zu investieren, lohnt es sich, einen Überblick über deine Optionen zu erhalten. Um ehrlich zu sein, hätten Nina und ich uns einen solchen Überblick dringend gewünscht, als wir unsere Investitionsstrategie aufstellten. Uns schwirrten alle möglichen Bezeichnungen durch den Kopf, die uns eher verwirrten als weiterhalfen: Aktien, Fonds, ETFs, Anleihen, Optionsscheine, Staatsanleihen, Unternehmensanleihen und so weiter und so fort.

Es kam uns wie ein unübersichtlicher Wald aus Anlageprodukten vor, die alle ihre Vor- und Nachteile hatten und deren Nachhaltigkeit eher fraglich war. Falls es dir auch so geht, kommt hier die gute Nachricht: So kompliziert ist es gar nicht, zumindest nicht, was den groben Überblick angeht. Ich werde dir also in aller Kürze die wichtigsten Anlageoptionen vorstellen und dir erzählen, welche ich mir an deiner Stelle genauer ansehen würde. Wenn du dich schon gut mit den verschiedenen Anlageprodukten auskennst, kannst du diesen Abschnitt gerne überspringen und direkt zu den vier Schritten des Anlegens auf Seite 195 weiterblättern.

Aktien

Aktien werden für dich kein Fremdwort sein. Bei Aktien handelt es sich um Anteile von Unternehmen, wie beispielsweise Audi oder Siemens, die auf dem Aktienmarkt – auch Börse genannt – gehandelt werden. Die bekanntesten Börsen sind zum Beispiel der New York Stock Exchange (NYSE) und die Frankfurter Wertpapierbörse (FWB).

Wenn du eine Aktie einer Aktiengesellschaft kaufst, gehört dir ein kleiner Teil dieses Unternehmens. Durch eine Aktie beteiligst du dich somit an dem finanziellen Erfolg einer Firma, zum Beispiel durch steigende Aktienpreise. Gleiches gilt aber auch für den Misserfolg der Firma, zum Beispiel bei fallenden Aktienpreisen. Der Wert einer Aktie richtet sich danach, wie viele Menschen zu einer Zeit ihre Anteile kaufen beziehungsweise verkaufen wollen. So brachen die Kurse im deutschen DAX zeitweise während Corona um fast 40 Prozent ein, weil Anleger:innen geringere Gewinne erwarteten und ihre Aktien verkaufen wollten. Nichtsdestotrotz erholten sich die Kurse aber später wieder. Doch nicht nur wirtschaftliche Faktoren haben einen Einfluss auf Aktienpreise: Der Aktienpreis von Tesla fiel beispielsweise rund 10 Prozent, nachdem der CEO Elon Musk in einem Podcast vor laufenden Kameras Marihuana rauchte.

Aktienpreise können also kurzfristig aufgrund sehr verschiedener Gründe fluktuieren. Aktien sind deshalb eine sehr risikoreiche Anlageklasse, eignen sich aber trotzdem sehr gut als Teil einer breiteren Anlagestrategie. Denn ein höheres Risiko geht in der Regel auch mit höheren Renditechancen einher.

Fonds

Um das Risiko von Aktien zu minimieren, kannst du in Fonds investieren. Ein Fonds ist gewissermaßen ein Korb, in dem viele Aktien (oder auch Anleihen) vereint sind. Das bedeutet, dass du dein Investitionsrisiko über viele Firmen streust. Geht eine Firma pleite, ist nicht dein ganzes Geld weg, da du in viele Firmen gleichzeitig investiert hast.

Es gibt aktiv und passiv gemanagte Fonds, wobei der Unterschied ist, ob ein Mensch (oder ein Team von Menschen) die Investitionsentscheidungen des Fonds trifft oder ein Algorithmus, der nach einem Index, wie dem deutschen DAX, ausgerichtet ist. Viele Studien legen nahe, dass breit gestreute passive Fonds in der Regel nicht weniger Rendite bringen als ein Fonds, bei dem ein Fondsmanager aktiv Aktien kauft und verkauft. Passiv verwaltete Fonds kosten gleichzeitig deutlich weniger als aktiv verwaltete Fonds.

ETFs

«ETFs» ist die Abkürzung für «Exchange Traded Funds», zu Deutsch «börsengehandelte Fonds». Diese ETFs sind in der Regel passiv verwaltete Fonds, die einen Index nachbilden. Auch ETFs sind also wie alle anderen Fonds ein Zusammenschluss unterschiedlicher Aktien oder Anleihen. Du streust also auch hier dein Risiko zum Beispiel über mehrere Firmen.

ETFs haben gleich mehrere Vorteile: Zum einen können sie wie Aktien kinderleicht und zu geringen Kosten über die Börse gehandelt werden. Zum anderen ist die Zusammenstellung des Fonds sehr transparent, da ETFs versuchen, einen Index – wie den deutschen DAX – möglichst genau abzubilden. Investierst du in einen DAX-ETF, investierst du gleichzeitig in die größten 40 deutschen Unternehmen und streust somit dein Investitionsrisiko über viele Firmen. Neben Aktien-ETFs kannst du auch andere «Produkte» als ETFs erwerben, darunter Anleihen, deren Wert in der Regel stabiler ist als der von Aktien.

Anleihen

Anleihen sind Schuldverschreibungen. Wenn sich der deutsche Staat Geld leiht, dann kann er dies über sogenannte Staatsanleihen tun. Deutschland verpflichtet sich dann, diesen Betrag nach einer gewissen Zeit inklusive etwaiger Zinsen zurückzuzahlen. Da Deutschland mit hoher Wahrscheinlichkeit das Geld zurückzahlt, ist der Wert der Anlage sehr stabil. Damit bieten stabile Staatsanleihen, oder Anleihen von Unternehmen mit hoher Rückzahlungswahrscheinlichkeit, eine gute Ergänzung zu volatilen – das heißt unbeständigeren – Aktieninvestments in deinem Portfolio.

Diese vier Produkte sind meiner Meinung nach die wichtigsten für deine Anlagestrategie. Angebote wie Optionsscheine kannst du für den Anfang außer Acht lassen. Das wird erst relevant, wenn du dich in der Tiefe mit Finanzinvestitionen auseinandersetzen möchtest.

Ein genereller Kommentar zu der Auswahl deiner Anlageprodukte und dem Risiko, das mit jedem einzelnen verbunden ist: Da Aktienmärkte starken Schwankungen unterworfen sind, scheuen viele Menschen die Börse. Jedoch ist ein sehr wichtiger Punkt, neben der Kombination von Aktien mit weniger risikoreichen Anlageklassen wie Anleihen, die Anlagedauer. So hättest du in den letzten 50 Jahren bei einer Investition in einen ETF, der den MSCI World nachbildet, in dem mehr als 1000 Firmen aus aller Welt vereint sind, immer einen Gewinn gemacht, wenn du mindestens 14 Jahre angelegt hättest. Denn kurzfristige Schwankungen gleichen sich in der Regel bei stark diversifizierten Fonds langfristig wieder aus. Deshalb bieten die Börsen eine der besten Optionen für Anleger:innen, ihr Geld zu vermehren, zumindest langfristig. Generell ist eine sogenannte Buy-and-Hold-Strategie sinnvoll, in der du einmal gut überlegst, entscheidest und dann deine Investition lange hältst, statt ständig zu kaufen und zu verkaufen. Denn auch heute hat die Börsenweisheit «hin und her macht Taschen leer» ihre Berechtigung, besonders bei Investor:innen, die gerade beginnen.

Schritt für Schritt zur ersten Investition

So. Nun hast du also einen groben Überblick über deine möglichen Anlageprodukte. Welche ich dir basierend auf deinem Investitionstyp empfehlen würde – und in welchen Verteilungen –, erzähle ich dir gleich. Doch zunächst möchte ich mein Versprechen einer «Schritt-für-Schritt-Anleitung» wahr machen. Als Nina und ich unsere Investitionsstrategie aufsetzten, fühlten wir uns selbst mit einem groben Überblick über die Anlageprodukte noch nicht wirklich bereit loszulegen. Denn die Frage war: Wie genau sollen wir denn loslegen? Falls es dir auch so geht, hilft dir das Folgende hoffentlich weiter. Hier kommen die vier Schritte, die du – egal welcher Investitionstyp du bist – beim Anlegen deines Geldes befolgen solltest.

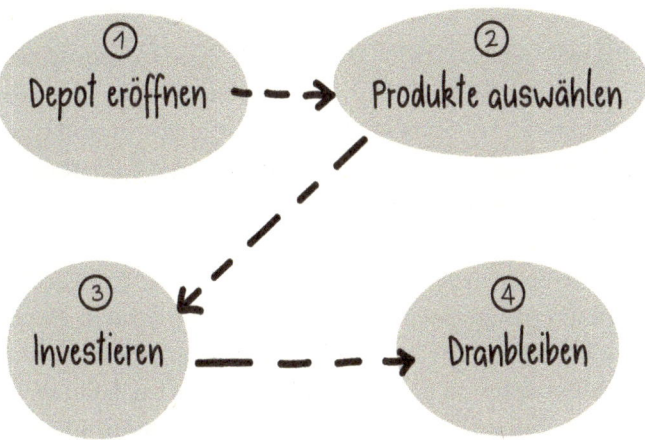

Die vier Investitionsschritte

1. **Depot eröffnen:** Schaffe die Grundlage für deine Investitionen, indem du ein Depot bei einem Broker eröffnest.

2. **Produkte auswählen:** Verstehe die Kriterien, die du bei der Auswahl von Produkten beachten solltest, und wähle ein Portfolio, das zu deinem Investitionstyp passt.

3. **Investieren:** Investiere über deinen Broker in deine ausgewählten Anlageprodukte.

4. **Dranbleiben:** Richte automatische Überweisungen für deine monatlichen Investitionen auf deinem Konto und in deinem Depot ein und stelle dir einen Termin in deinem Kalender ein, an dem du deine Investitionsstrategie überprüfst.

1. Depot eröffnen

Egal welcher Investitionstyp du bist: Zu jedem sinnvollen Finanzportfolio gehören zumindest zu einem gewissen Teil Aktien, Anleihen oder ETFs. Um diese Produkte an der Börse zu handeln, solltest du im ersten Schritt einen passenden Broker finden, bei dem du ein Depot eröffnen kannst. Möchtest du eine Aktie oder einen ETF kaufen, wickelt dein Broker deinen Auftrag ab. Er fungiert als Mittler zwischen dem Aktienmarkt und deinem Depot. Das Wort Depot kommt aus dem Französischen und bedeutet «Lager». In diesem Lager bewahrst du deine Wertpapiere auf, wie zum Beispiel Aktien, die du dir über die Börse gekauft hast. Ein Depot ist vergleichbar mit einem Girokonto. Du findest darin beispielsweise eine Liste deiner Aktien und deren Wert in Euro. Aktienkäufe und -verkäufe sind auch in deinem Depot aufgelistet wie bei einem Girokonto die Ein- und Ausgaben.

Auch hier ist es wichtig, sich im ersten Schritt einen Überblick über die verschiedenen Broker zu verschaffen. Denn mittlerweile kannst du bei vielen Banken und Start-ups ein Depot eröffnen:

- **Filialbanken:** Klassische Banken, wie die Deutsche Bank oder die Raiffeisenbank, die ein Filialnetz unterhalten
- **Direktbanken:** Online-Banken, die kein eigenes Filialnetz unterhalten, wie die Deutsche Kreditbank (DKB)
- **Neo-Broker:** Finanz-Start-ups, die sich auf den Handel mit Wertpapieren spezialisiert haben, wie Trade Republic und Scalable Capital

Welcher davon lohnt sich besonders? Was den Nachhaltigkeitsaspekt angeht, kannst du bei der Wahl deines Depots natürlich dieselben Kriterien anlegen wie bei der Wahl deiner Bank für dein Girokonto. Allerdings ist dein größter Hebel in diesem Fall die Wahl deiner Finanzprodukte, weshalb bei der Wahl des Depots der Nachhaltigkeitsaspekt in meinen Augen zu vernachlässigen ist. Für Investor:innen, die gerade loslegen, wie du es vermutlich zu diesem Zeitpunkt tust, eignen sich besonders die Neo-Broker. Sie haben meist ein intuitives App-Design, und die Kosten für Depot-Führung und Transaktionen sind gering. Der Nachteil von Neo-Brokern: Die Auswahl der Produkte und Handelsplätze ist begrenzter als bei Direkt-

und Filialbanken. Für den Anfang ist die Auswahl bei Neo-Brokern aber vollkommen ausreichend.

Drei Neo-Broker möchte ich dir vorstellen, die auch Nina und ich über eine längere Zeit getestet haben:

Scalable Capital
Der Neo-Broker wurde 2014 in München gegründet und zählt mit 4 Milliarden an verwaltetem Kapital zu den größten Neo-Brokern in Europa.

Trade Republic
Dieser Neo-Broker wurde 2015 als Start-up in Berlin gegründet. Er gehört mittlerweile zu den ganz Großen der Branche.

Smartbroker
Ein Neo-Broker aus Berlin, der 2019 an den Start ging. Smartbroker bietet als einziger der drei Neo-Broker auch ein Depot in der Schweiz an.

Neo-Broker im Überblick (Stand: März 2022)

	Depot-Füh-rungskosten in EUR	Einmalige Aktien- und ETF-Order-kosten in EUR	Kostenfreie ETF-Spar-pläne
Scalable Capital	0	1	1900
Trade Republic	0	0,99	1500
Smart-broker	0	0–4	280

Im Gegensatz zu vielen Filialbanken zeichnen sich die drei Neo-Broker durch eine kostenlose Depotführung aus. Man zahlt also nicht, um dort ein Wertpapierdepot zu unterhalten. Auch Transaktionen von Aktien und ETFs sind dort sehr günstig und kosten zwischen 0 und 4 Euro pro Transaktion. Im Vergleich: Bei den Filialbanken können die Depotführungs- und Transaktionsgebühren richtig ins Geld gehen. Zuletzt lassen sich auch bei allen dreien sogenannte ETF-Sparpläne einrichten, bei denen du in regelmäßigen Abständen – zum Beispiel monatlich – einen fixen Betrag in einen ETF investierst. Bei diesen Sparplänen entfallen die Ordergebühren. Die größte Auswahl findest du bei Scalable Capital, gefolgt von Trade Republic und Smartbroker.

Natürlich ist die Auswahl eines Depots eine sehr persönliche Angelegenheit. Also schau dich gerne ein bisschen um, bevor du dich entscheidest. Vielleicht möchtest du auch alles in einer Hand wissen und direkt bei deiner Bank, bei der du bereits ein Girokonto hast, ein Depot eröffnen. Aber: Augen auf bei den Depot- und Orderkosten.

Hast du dich für einen Anbieter entschieden, lade dir einfach die Smartphone-App runter und folge den Registrierungsschritten. Es ist ganz leicht. Außerdem muss die Wahl deines Brokers keine lebenslange Entscheidung sein: Solltest du dich umentscheiden, kannst du dein Depot meist leicht übertragen. Hierfür musst du zuerst ein neues Depot eröffnen. Im zweiten Schritt kontaktierst du deine bestehende Bank per E-Mail, um eine Depotübertragung anzuregen. Deine Bank schickt dir ein Formular, das du im dritten Schritt ausfüllst, und voilà, nach ein paar Wochen ist dein altes Depot übertragen.

2. Produkte auswählen

Klasse, nun hast du den ersten und wichtigen Schritt zu deinem grünen Portfolio getan. Du hast ein Depot! Wie fühlt sich das an? Brennt es dir unter den Nägeln, direkt loszuhandeln und die Aufs und Abs der Börse mit Spannung zu verfolgen? Als ich anfing zu investieren, ging es mir genauso: Ich kaufte Aktien von Unternehmen, die ich spannend fand, meistens aus einem Bauchgefühl heraus, obwohl ich wusste, dass es sinnvoll ist, systematischer vorzugehen. Nachdem ich mir einige Male die Finger verbrannt hatte, investierten wir in ETFs. Das war nicht ganz so aufregend, weil die Kurse weniger volatil als einfache Aktieninvestments waren, aber ich schlief nach dieser Umstellung wieder deutlich besser.

Du solltest deine Anlageprodukte also je nach Investitionstyp auswählen. Willst du ein höheres Risiko eingehen oder ein niedriges? Eine Impact- oder eine Do-no-Harm-Strategie anwenden? Die folgende Darstellung zeigt dir meine Empfehlungen für jeden Investitionstyp.

Risikofreudige Nachhaltigkeitsfreundin	Risikofreudige Nachhaltigkeitsvisionärin
Portfolio: • 80 % Aktien-ETFs mit grünen Firmen • 20 % Anleihen-ETFs	Portfolio: • 80 % Aktien-ETFs mit grünen & braunen Firmen bei klimaaffinem Vermögensverwalter • 20 % Anleihen-ETFs Optional: • Investition in grünes Start-up • Spenden an effektive NGO
Abgesicherte Nachhaltigkeitsfreundin	Abgesicherte Nachhaltigkeitsvisionärin
Portfolio: • 50 % Aktien-ETFs mit grünen Firmen • 50 % Anleihen-ETFs	Portfolio: • 50 % Aktien-ETFs mit grünen & braunen Firmen bei klimaaffinem Vermögensverwalter • 50 % Anleihen-ETFs Optional: • Investition in grünes Start-up • Spenden an effektive NGO

Verteilung der Produkte nach Investitionstyp

Fällt dir etwas an meinen Vorschlägen auf? Genau: Egal welcher Investitionstyp du bist, ETFs bilden das Herzstück deines Investitionsportfolios. Das liegt an den oben genannten Vorteilen von ETFs wie Kosten, Transparenz, Risikostreuung und Rendite. Generell gilt wie bereits erwähnt: Du solltest deine Anlagen immer langfristig sehen und dich nicht nach kurzfristigen Kursschwankungen umentscheiden.

Der größte Unterschied je nach Risikopräferenz ist also die Verteilung von Aktien- und Anleihe-ETFs und je nach Impact-Orientierung die Wahl deiner spezifischen ETFs. Je mehr Risiko du auf dich nehmen willst, desto mehr Aktien-ETFs können Bestandteil deines Portfolios sein und je mehr Nachhaltigkeits-Impact du anstrebst, desto mehr ETFs mit CO_2-intensiven Firmen bei klimaaffinen Vermögensverwaltern legst du dir zu.

Und hier sind wir schon im Detail angekommen: Welche ETFs sind die richtigen für dich? Wenn du eine der Trading-Apps öffnest, wirst du schnell merken, dass es sehr viele ETFs gibt. Wenn du ein paar Seiten weiterblätterst, wirst du für deinen Investitionstyp konkrete ETFs finden, die du in Erwägung ziehen kannst. Doch es ist wichtig, zu verstehen, nach welchen Kriterien du ETFs auswählen solltest. Denn natürlich haben meine Vorschläge keine Allgemeingültigkeit und können auch im Handumdrehen überholt sein – schließlich entwickelt sich der Finanzmarkt ständig weiter. Also: Was sind die Aspekte, auf die du bei der Auswahl deiner ETFs ganz grundsätzlich achten solltest?

Fünf Aspekte, die es bei der Wahl deiner ETFs zu beachten gilt:

- den Vermögensverwalter,
- das verwaltete Vermögen,

- die Kosten,
- die Gewinnverwendung,
- die Nachhaltigkeitsaspekte.

Der Vermögensverwalter

Es gibt einige große Vermögensverwalter, die ETFs anbieten. Die Anbieter der vermögensschwersten ETFs in Deutschland sind beispielsweise BlackRock (iShares), DWS (Xtrackers) und Lyxor, gefolgt von UBS und Amundi. Wie du aus Teil 1 weißt, trittst du deine Stimmrechte an einen dieser Vermögensverwalter ab, wenn du dich für einen ihrer ETFs entscheidest. Um Unternehmen durch deine Stimmrechte zu mehr Nachhaltigkeit zu bewegen, solltest du einen Vermögensverwalter wählen, der besonders oft für Klimaresolutionen gestimmt hat, wie Amundi oder BNP Paribas.

Das verwaltete Vermögen

Das verwaltete Vermögen eines ETFs spielt eine wichtige Rolle bei der Auswahl, denn bei großen ETFs können die Verwaltungskosten – welche fast unabhängig von der Fondsgröße sind – auf viele Schultern verteilt werden. Die Website JustETF fasst es prägnant zusammen: «Big is beautiful.» Als Faustregel gilt, dass ab circa 100 Millionen Euro Fondsvermögen ein ETF kosteneffizient arbeiten kann. Die größten Fonds – wie der AMUNDI S&P 500 UCITS ETF – hielten im Januar 2022 mehr als 7 Milliarden Euro, lagen also deutlich über den 100 Millionen Euro, welche als Grenze des kosteneffizienten Arbeitens gesehen wird.

Die Kosten

Die Kosten eines ETFs sind sehr wichtig, schaue hier also besser zweimal hin, denn: Wie viel Geld man tatsächlich für die Kosten des Investments aufbringt, hat einen erheblichen Einfluss auf die langfristige Rendite.

Bei ETFs gibt es zwei Kostenpunkte:

- **Anschaffungskosten**, die einmalig bei Kauf anfallen
- **Laufende Kosten pro Jahr**, die für die Verwaltung des Fonds anfallen (Englisch: Total Expense Ratio [TER])

Die Total Expense Ratio ist die wichtigste Kostenkennzahl eines ETFs. Sie beschreibt, wie hoch die Kosten sind, die für die Verwaltung des ETFs anfallen. Die TER fällt bei vielen ETFs mit – im Schnitt – zwischen 0,1 und 0,6 Prozent pro Jahr des eigenen Anlagebetrags auf den ersten Blick sehr gering aus. Zumal die Kosten von aktiven Fonds bei rund 1,5–2,5 Prozent pro Jahr liegen können. Jedoch ist es wichtig zu verstehen, dass selbst niedrige Kostenprozente über die Zeit massiv ins Gewicht fallen können. Denn was für die Rendite gilt, gilt auch für die Kosten: über die Zeit wachsen sie exponentiell an.

Ein einfaches Beispiel: Stell dir vor, du möchtest 10 000 Euro investieren. Das Geld soll für 25 Jahre investiert sein und 5 Prozent pro Jahr wachsen. Du hast drei Fonds zur Auswahl mit unterschiedlich hohen laufenden Kosten: 0,2, 1 und 2 Prozent. Klingt nach keinem so großen Unterschied, oder? Doch!

Bei jährlichen Kosten von 0,2 Prozent zahlst du über die 25 Jahre rund 1500 Euro. Bei einem Fonds mit einem

Prozent sind es schon mehr als 7000 Euro und bei einem mit 2 Prozent Kosten fast 13 000 Euro. Diese hohen Kosten schmälern deinen möglichen Gewinn erheblich, auf rund 22 000 Euro bei niedrigen Kosten, auf 16 000 Euro bei mittleren Kosten von einem Prozent, zu rund 11 000 Euro bei hohen Kosten von 2 Prozent. Also: Augen auf bei den Kosten!

Als grobe Regel gilt: Ein ETF sollte nicht mehr als 0,5 Prozent an laufenden Kosten erheben, viele gibt es deutlich günstiger. Bei Fonds, die standardisierte Indizes abdecken, wie dem DAX oder dem S&P 500, sind die Verwaltungskosten in der Regel sehr gering und liegen zum Beispiel bei 0,1 Prozent. Themenfonds, die sich auf eine Nische spezialisieren, wie Aktien von Erneuerbaren-Energien-Unternehmen, können hingegen aufgrund geringerer Investitionsvolumina auch mehr kosten, und das kann sich negativ auf die Rendite auswirken.

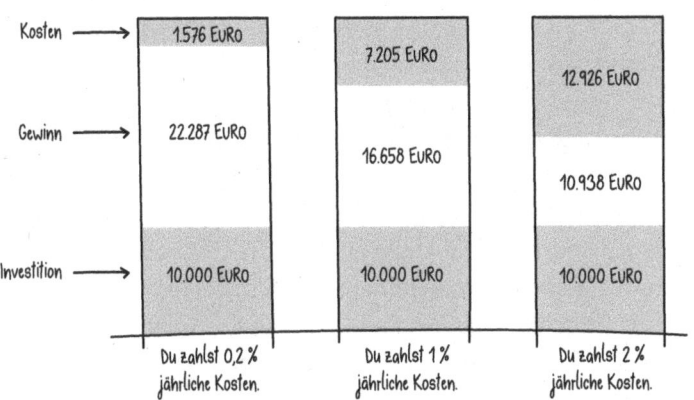

Vorsicht vor hohen Verwaltungsgebühren bei Fonds

Die Gewinnverwendung

Neben den Kosten und Vermögensverwaltern, die ETFs anbieten, ist auch die Gewinnverwendung des Fonds wichtig. Mit dem Gewinn ist hier der Zuwachs des Wertes der im Fonds enthaltenen Firmen gemeint. Wenn du in einen Fonds investiert hast, steht dir dieser Gewinn natürlich zu. Allerdings gibt es zwei Arten, auf die ein ETF dich an dem Gewinn teilhaben lassen kann:

- **Thesaurierend:** Gewinne werden stetig für dich im selben ETF reinvestiert
- **Ausschüttend:** Gewinne werden quartalsweise oder jährlich an dich ausgeschüttet

Es mag auf den ersten Blick vielversprechend aussehen, wenn du jährlich deine Gewinne überwiesen bekommst. Aber Vorsicht: Schüttet ein ETF jährlich Gewinne – oder Dividenden – aus, fällt darauf in dem jeweiligen Jahr eine Steuer an. Werden die Gewinne hingegen reinvestiert, kannst du selbst entscheiden, wann du den ETF verkaufst und Steuern auf die Gewinne zahlst.

In Deutschland gilt derzeit ein Freibetrag auf Aktiengewinne von 801 Euro für Singles und 1602 Euro für Paare. Dieser Freibetrag soll laut des Koalitionsvertrags der Regierung Scholz bis 2023 auf 1000 Euro für Singles und auf 2000 Euro für Ehepaare steigen. Um diesen Freibetrag geltend zu machen, musst du einen Antrag auf Freistellung bei deiner depotführenden Bank einreichen. Andernfalls leitet diese, ohne den Freibetrag zu berücksichtigen, deine Kapitalertragssteuer und den Solidaritätszuschlag direkt an das Finanzamt weiter.

Generell lohnt es sich nicht, einen ausschüttenden ETF einem thesaurierenden ETF vorzuziehen, um jährlich den Freibetrag zu nutzen, dafür fällt der Freibetrag langfristig nicht genug ins Gewicht und macht mehr Arbeit, falls du die Dividenden reinvestieren möchtest. Dennoch lohnt es sich, diesen Freibetrag zu nutzen, nicht zuletzt, wenn du Anteile an einem ETF verkaufst. Weitere Informationen dazu findest du in den Quellen.

Die Nachhaltigkeitsaspekte

Du kannst dir zwei Fragen stellen, wenn es um die Nachhaltigkeit eines ETFs geht. Die erste Frage dürfte dir mittlerweile bekannt vorkommen: Wie oft setzt der Vermögensverwalter sein Stimmrecht für nachhaltige Resolutionen ein, die während der Jahresversammlung eingebracht werden? Für alle Fonds, die wir hier im Buch besprechen, geben wir an, wie oft Vermögensverwalter für diese Klimaresolutionen stimmten. Bei der britischen NGO ShareAction, deren Analysen zum Abstimmungsverhalten von Vermögensverwaltern wir auch schon in Teil I vorgestellt haben, findest du weitere Informationen dazu.

Zum anderen ist da noch die Frage: Wie stark würde sich das Weltklima erhitzen, wenn die gesamte Weltwirtschaft ähnlich CO_2-intensiv wie das Portfolio wäre? Wir haben dir bereits in Teil I vorgestellt, wie wir für dieses Buch Temperatur-Scores berechnen. Je nach Investitionstyp solltest du auf die folgenden kombinierten Punkte achten, um einschätzen zu können, ob ein Fonds zu dir passt:

- CO_2-intensiver Fonds und nicht klimaaffiner Vermögensverwalter -> generell vermeiden
- Nicht CO_2-intensiver Fonds und klimaaffiner Vermögensverwalter -> für alle Nachhaltigkeitsfreund:innen
- CO_2-intensiver Fonds und klimaaffiner Vermögensverwalter -> für alle Nachhaltigkeitsvisionär:innen

Für jeden ETF geben wir dir eine kurze Einschätzung, wie CO_2-intensiv der Fonds ist. Fonds, die unter 1,5 beziehungsweise 2,0 Grad liegen, stehen im Einklang mit den Pariser Klimaverträgen. Für Fonds über 2 Grad ist dies nicht der Fall. Bist du allerdings Nachhaltigkeitsvisionär:in und entscheidest du dich für eine Impact-Strategie, kann die Investition in solche Fonds trotzdem «nachhaltig» sein, wenn sich Vermögensverwalter glaubhaft für den Wandel der CO_2-intensiven Firmen in diesen Fonds einsetzen.

Nun, da du weißt, auf was du bei der Auswahl von ETFs achten solltest, kannst du im Grunde schon loslegen. Um dir die Orientierung bei deiner Wahl zu erleichtern, habe ich je Typ ein paar konkrete ETFs herausgesucht, die derzeit eine Überlegung wert sind. In der folgenden Tabelle kannst du die Namen der ETFs unter deinem jeweiligen Investitionstyp finden. Natürlich gibt es zu jedem dieser ETFs einige Details und Informationen, die du dir anschauen und abwägen solltest, bevor du in jegliche meiner vorgeschlagenen ETFs investierst. Um dir diese Abwägung zu erleichtern, habe ich dir für jeden ETF eine detaillierte Tabelle in den Anhang dieses Buches gestellt.

Ab Seite 230 findest du also die Informationen zu den oben genannten fünf Kriterien für jede meiner genannten ETFs.

Risikofreudige Nachhaltigkeitsfreundin	Risikofreudige Nachhaltigkeitsvisionärin

Portfolio:
• 80 % Aktien-ETFs mit grünen Firmen, zum Beispiel:
  • 20 % L&G Clean Energy UCITS ETF
  • 20 % BNP Paribas Easy Low Carbon 100 Europe UCITS ETF
  • 40 % AMUNDI INDEX MSCI WORLD SRI UCITS ETF DR
 	
• 20 % Anleihen-ETFs, zum Beispiel:
  • 20% Lyxor Green Bond
	Portfolio:
	• 80 % Aktien-ETFs mit grünen & braunen Firmen, zum Beispiel:
	  • 20 % EUR Amundi Dax
	  • 20 % EUR Amundi S&P 500
	  • 40 % EUR Amundi MSCI World
	• 20 % Anleihen-ETFs, zum Beispiel:
	  • 20 % Lyxor Green Bond
	
	Optional:
	• Investition in grünes Start-Up, etwa über die Plattform Companisto
	• Spenden an effektive NGO wie Follow This

Abgesicherte Nachhaltigkeitsfreundin	Abgesicherte Nachhaltigkeitsvisionärin

Portfolio:
• 50 % Aktien-ETFs mit grünen Firmen, zum Beispiel:
  • 10 % L&G Clean Energy UCITS ETF
  • 10 % BNP Paribas Easy Low Carbon 100 Europe UCITS ETF
  • 30 % AMUNDI INDEX MSCI WORLD SRI UCITS ETF DR
• 50 % Anleihen-ETFs
  • 50 % Lyxor Green Bond
	Portfolio:
	• 50 % Aktien-ETFs mit grünen & braunen Firmen, zum Beispiel:
	  • 10 % EUR Amundi Dax
	  • 10 % EUR Amundi S&P 500
	  • 30 % EUR Amundi MSCI World
	• 50 % Anleihen-ETFs
	  • 50 % Lyxor Green Bond
	
	Optional:
	• Investition in grünes Start-up, etwa über die Plattform Companisto
	• Spenden an effektive NGO wie Follow This

Beispiel für Portfolios nach Investitionstyp

Risikofreudige Nachhaltigkeitsfreundin

Wenn du zu diesem Typ gehörst, ist dir Nachhaltigkeit zwar wichtig, aber du machst deinen direkten Impact bei deinen Investitionsentscheidungen nicht zu deiner Priorität. Allerdings bist du bereit, größere finanzielle Risiken einzugehen als andere. Worum es dir also geht, ist die Do-no-Harm-Strategie auf der Impact-Treppe und eine gute Rendite. Entsprechend bieten sich für dich insbesondere Aktien-ETFs mit emissionsarmen Portfolios an. In diesem Bereich gibt es Themenfonds, wie den L&G Clean Energy ETF, die sich ausschließlich auf Bereiche der nachhaltigen Energiegewinnung fokussierten. Zum anderen gibt es Fonds, die Firmen mit geringem CO_2-Fußabdruck auswählen, wie der BNP Paribas Easy Low Carbon 100 Europe PAB ETF, in dem europäische Firmen vereinigt sind, oder der global diversifizierte Amundi MSCI World SRI ETF.

Unternehmen in diesen ETFs sind weniger stark Klimarisiken ausgesetzt und haben stärkere Klimachancen.

Dennoch sind Themenfonds wie der L&G Clean Energy ETF wahrscheinlicher Klumpenrisiken ausgesetzt, da sich der Fonds stark auf den Bereich der nachhaltigen Energiegewinnung konzentriert und daher gesammelt Verluste machen kann, sollte es der Branche mal schlechter gehen. Deshalb lohnt sich die Kombination mit breit gestreuten Fonds, wie dem Easy Low Carbon 100 Europe oder der Amundi MSCI World SRI.

Solche Aktien-ETFs kombinierst du am besten mit ein paar grünen Anleihen-ETFs, um trotz deiner Risikobereitschaft eine gewisse Sicherheit zu gewährleisten. Grüne Anleihen (englisch: Green Bonds) stecken noch in den Kinderschuhen. Besonders hervorzuheben ist die Climate Bond Initiative, welche 2010 von Finanzfirmen gegründet wurde. Unternehmen und Staaten, die an der Initiative teilnehmen wollen, müssen beispielsweise zeigen, dass die finanzierten Projekte dazu beitragen, dass der Ausstoß von CO_2 durch die Firmen oder Staaten geringer ist als sonst. Ein beispielhafter Anleihe-ETF ist hier Lyxor Green Bond ETF. Mehr Informationen zu diesem ETF findest du im Anhang ab Seite 230.

Abgesicherte Nachhaltigkeitsfreundin

Wenn du zu diesem Typ gehörst, sieht es bei dir ganz ähnlich aus wie bei der risikofreudigen Nachhaltigkeitsfreundin. Dir ist es wichtig, dass dein Geld nicht den Planeten zerstört, aber es muss ihn auch nicht aktiv verbessern. Außerdem ist es dir wichtig, dass du nicht Gefahr läufst, hohe finanzielle Verluste einzustecken. Die Produkte sind also dieselben wie bei deinem risikoaffineren Pendant, allerdings verteilst du sie anders: Du investierst etwa dieselbe Menge Geld auf grüne Aktien-ETFs (zum Beispiel L&G Clean Energy oder Easy Low Carbon 100 Europe) wie auf grüne Anleihe-ETFs (zum Beispiel Lyxor Green Bond ETF).

Risikofreudige Nachhaltigkeitsvisionärin

Als risikofreudige Nachhaltigkeitsvisionärin ist es für dich nicht ausschlaggebend, wie emissionsintensiv ein Aktien-ETF heute ist, sondern ob es eine glaubhafte Strategie gibt, diese Firmen grüner zu machen. Es geht dir also darum, ein breit diversifiziertes Portfolio bei einem klimaaffinen Vermögensverwalter zu halten.

Der aktivistische Hedgefonds Engine No. 1 legte kürzlich einen ETF auf, der den S&P 500 nachbildet. Damit erlangt der Vermögensverwalter Stimmrechte an allen großen amerikanischen Firmen. Der ETF von Engine No. 1 (genannt: VOTE) ist derzeit (Stand: Februar 2022) leider noch nicht über die drei Neo-Broker erhältlich. Falls du ein Depot bei einem anderen Broker hast, lohnt sich eine Nachfrage, ob der ETF VOTE handelbar ist. Es gibt jedoch auch eine Reihe anderer ETFs, die von klimaaffinen Vermögensverwaltern aufgelegt werden und sich für eine Impact-Strategie eignen.

Wir konzentrieren uns hier auf Amundi, da dieser Vermögensverwalter unter den großen ETF-Anbietern am häufigsten – ganze 97 Prozent im Jahr 2021 – für Klimaresolutionen gestimmt hat und als Mitglied von Climate Action 100+ klare Engagement-Ziele hat. Da es bei dieser Strategie um Impact geht, eignen sich Aktienfonds, mit denen der Vermögensverwalter Stimmrechte in verschiedenen Firmen erhält. Bei den Fonds, die ich dir beispielhaft vorschlage, stechen insbesondere zwei Dinge ins Auge: Zum einen haben die Fonds einen deutlich höheren Temperatur-Score als die Fonds, in die Nachhaltigkeitsfreund:innen investieren. Das ist gewollt, denn es geht darum, diese Firmen durch klimaaffines Abstimmungsverhalten zu mehr Nachhaltigkeit zu bewegen. Zum anderen sind die Kosten der Fonds deutlich geringer, da sie einen gängigen Index wie den DAX oder den S&P 500 abbilden.

Da eine Beteiligung an verschiedenen großen Märkten für die Impact-Strategie besonders sinnvoll ist, schlage ich dir hier breite Aktienfonds aus Deutschland, den

USA und weltweit vor. Dies sind der DAX (die größten 40 deutschen Unternehmen), der S&P 500 (die wichtigsten 505 amerikanischen Unternehmen) und der MSCI World (mehr als 1000 Unternehmen aus aller Welt). Mehr Details zu diesen und allen anderen Fonds findest du im Anhang.

Trotz deiner höheren Risikobereitschaft ist es wichtig, dass du dich genügend abgesichert fühlst. Ein Ansatz hierfür ist, den Aktien-ETFs zusätzlich Anleihen-ETFs beizumischen. Diese Anleihen sollten ausschließlich grün sein, da mit Anleihen kein Stimmrecht einhergeht. Wie bei allen anderen Investitionstypen ist hier beispielsweise wieder der Lyxor Green Bond als Teil der Climate Bond Initiative zu empfehlen.

Als Nachhaltigkeitsvisionärin kannst du dir neben deinen Investitionen in ETFs außerdem überlegen, dein Geld anderweitig einzusetzen und somit deinen Impact potenziell zu maximieren. Die Optionen hier sind Direktinvestitionen in grüne Projekte und Start-ups sowie regelmäßige Spenden an effektive NGOs. Letzteres hat natürlich keine Renditeaussichten im finanziellen Sinne, dafür allerdings im Sinne des Impacts. Die folgenden NGOs setzen sich dafür ein, dass aktiv auf CO_2-intensive Firmen eingewirkt wird, nachhaltiger zu werden.

ShareAction
Eine britische NGO, die beispielsweise Analysen zum Abstimmungsverhalten verschiedener Vermögensverwalter bei Klimaresolutionen veröffentlicht.

Follow This
Eine niederländische NGO, die Klimaresolutionen bei großen Ölfirmen wie Shell einbringt.

As You Sow
Eine amerikanische NGO, die sich über Resolutionen bei der Hauptversammlung von Firmen für eine Reihe sozialer, umweltpolitischer und anderer Themen einsetzt.

Wenn du dich für Direktinvestitionen in grüne Projekte oder Start-ups entscheiden solltest, gibt es ein paar Dinge, die du dafür wissen solltest:

Aktien- und Anleihen-ETFs werden in der Regel über die Börse gehandelt und sind sehr liquide. Das heißt, dass du zu jedem Zeitpunkt deine Anleihen- und Aktien-ETFs wieder verkaufen kannst. Direktinvestitionen in grüne Projekte und Start-ups sind illiquider, das heißt, du kannst diese Investments in der Regel nicht so schnell wieder loswerden. Falls das Projekt pleitegeht, ist dein Geld weg. Da der Markt für diese Art der Anlagen sehr kleinteilig ist, ist es sinnvoll, wenn du dich im Detail über die Projekte informierst, die für dich infrage kommen. Zum Beispiel: Welches Produkt wird hergestellt? und Wer sind die potenziellen Abnehmer:innen? Webseiten, die für einen ersten Überblick über grüne Direktinvestitionen und Start-ups infrage kommen, sind zum Beispiel die folgenden:

Companisto
Hier findest du Start-ups verschiedener Branchen, nicht nur im grünen Bereich. Ab 250 Euro kannst du auf der

Plattform direkt in die vorgestellten Start-ups investieren.

Wattify

Hier findest du aktuell primär Solarprojekte in Europa. Mit der Zeit sollen auf der Plattform noch weitere Erneuerbare-Energie-Sektoren hinzutreten. Es handelt sich um ein FinTech aus Deutschland. Über die Plattform kannst du direkt in Erneuerbare-Energien-Projekte investieren.

Frigg.Eco

Über die SaaS(Software as a Service)-Plattform dieses Schweizer Unternehmens kannst du direkt in nachhaltige Projekte wie Erneuerbare Energien investieren. Aktuell fokussiert sich das Start-up auf Subsahara-Afrika, perspektivisch soll der Fokus aber ausgeweitet werden.

Abgesicherte Nachhaltigkeitsvisionärin

Als abgesicherte Nachhaltigkeitsvisionärin stehen dir dieselben Produkte zur Verfügung wie der risikofreudigen Nachhaltigkeitsvisionärin. Am besten liest du dir also die Empfehlungen für diesen Typ ebenfalls durch. Der Unterschied besteht bei dir darin, dass dein Sicherheitsbedürfnis etwas höher ist und du daher etwa gleich viel Geld in grüne oder braune Aktien-ETFs mit grünen Vermögensverwaltern investierst wie in grüne Anleihen. Bei Letzterem kannst du dir wie alle anderen Typen beispielsweise einen Anleihen-ETF aus der Climate Bond Initiative aussuchen. Die genaue Beschreibung der in der Tabelle vorgeschlagenen ETFs findest du im Anhang dieses Buches ab Seite 230.

Dein ganz persönlicher Investitionsplan

Falls du dich keinem Investitionstyp so genau zuordnen kannst, ist das natürlich kein Problem. Du solltest diese Typen nicht so eng sehen und dir deinen ganz individuellen Investitionsplan zusammenstellen, vielleicht auch als Mischung aus zwei oder mehr Typen.

Des Weiteren ist die Aufteilung, die wir hier in Aktien- und Anleihen-ETFs vorschlagen, nicht in Stein gemeißelt. Als Orientierung dient eine Faustregel: Der Anteil von Aktien sollte in etwa folgender Rechnung entsprechen: 110 minus dein Alter. Das heißt, ein 30-Jähriger sollte rund 80 Prozent in Aktien und 20 Prozent in Anleihen stecken. Bei einer 40-Jährigen wären laut der Regel 70 Prozent in Aktien und 30 Prozent in Anleihen optimal. Dies ist selbstverständlich nur eine Orientierungshilfe. Je nach deiner Risiko-Präferenz und deinem Alter kannst du diesen Anteil individuell nach unten beziehungsweise oben schrauben.

Zudem ist es wichtig, hier zu unterstreichen: Du kannst mit kleinen Beträgen anfangen, zum Beispiel 100 Euro, und sehen, mit was du dich wohlfühlst. Erst dann fängst du an, größere Beträge zu investieren. Der Aktienmarkt kann einem ziemlich viel Angst einflößen, deshalb strecke erst mal deinen großen Zeh ins Wasser, bevor du ganz in den Aktienmarkt eintauchst.

Am allerwichtigsten ist: Dein Investitionsplan sollte sich wirklich genau danach anfühlen – *deinem* Investitionsplan. Um den Schritt der Auswahl deiner Investitionsprodukte also abzuschließen, empfehlen wir dir, deinen eigenen Investitionsplan schriftlich festzuhalten. Dafür nimmst du am besten Zettel und Stift zur Hand

Dein Investitionsplan

und schreibst, basierend auf den Informationen der letzten Seiten, deinen Plan nieder. Du kannst das in etwa so strukturieren, wie in der nachfolgenden Illustration gezeigt.

Zuallererst hältst du deinen Investitionstyp fest. Wenn du dir nicht sicher bist, notiere gerne mehrere oder finde deine eigene Beschreibung. Dann trägst du dein einmaliges und dein monatliches Investitionskapital ein. Diese Beträge hast du bereits mithilfe von Teil I und II festgelegt.

Je nach Investitionstyp kannst du nun bestimmen, in welche Aktien- und Anleihen-ETFs du investierst, wie du dir die prozentuale Aufteilung vorstellst und welcher einmalige und monatliche Investitionsbetrag sich daraus ergibt. Für den einmaligen und monatlichen Investitionsbetrag pro ETF multipliziere einfach den errechneten einmaligen und monatlichen Investitionsbetrag mit der prozentualen Aufteilung. Unter Sonstiges kannst du andere Investitionen vermerken, wie zum Beispiel Investitionen in grüne Start-ups oder Spenden an effektive NGOs. Fast geschafft!

Zuletzt geht es natürlich auch darum, dranzubleiben, deshalb trage direkt den nächsten Termin zur Überprüfung deiner Investitionsstrategie ein. Mehr dazu findest du unter dem Punkt «Dranbleiben».

Ausgefüllt? Klasse! Schnapp dir dein Handy oder setz dich vor deinen Computer, damit wir dein Depot in Angriff nehmen können.

3. Investieren

Du hast dein Depot, du hast deinen Investitionsplan, willkommen bei Schritt 3: Öffne deine App und investiere! Das ist ganz leicht. Im Such-Feld deiner App oder deines Online-Systems kannst du ganz einfach entweder den Namen oder die Internationale Wertpapierkennnummer (ISIN) eingeben. Letzteres ist wie ein Nummernschild für

Anlageprodukte, damit lassen sich Aktien, Anleihen und ETFs zweifelsfrei aufspüren.

Wenn du auf «Kaufen» klickst, musst du angeben, wie viele Aktien du kaufen möchtest. Zum Beispiel kostete ein Anteil im DAX Amundi ETF im Februar 2022 rund 267 Euro. Du kannst also für 267 Euro einen Anteil an dem ETF erwerben. Was ist, wenn du aber nur 200 Euro investieren möchtest? In der Regel können nur ganze Anteile gehandelt werden, das heißt, du musst mindestens einen Anteil kaufen.

Eine Ausnahme bieten ETF-Sparpläne, über diese kannst du Bruchteile von ETFs erwerben. Möchtest du zum Beispiel 200 Euro in den DAX Amundi ETF investieren, kauft dir dein Neo-Broker einfach 0,75 eines Anteils des Fonds. Also drei Viertel eines ETF-Anteils.

Durch einen ETF-Sparplan investiert dein Broker für dich jeden Monat in den ETF deiner Wahl.

4. Dranbleiben

Wenn du uns auch nur im Entferntesten gleichst, dann fällt dir die Disziplin in Finanzdingen wahrscheinlich manchmal schwer. Weder Nina noch ich haben Lust, uns monatlich in unsere Finanz-Apps einzuloggen und neu zu investieren. Wir haben uns mit einem Dauerauftrag beholfen. Jeden Monat fließt Geld von unserem Girokonto auf unser Depot und wird direkt in ETFs investiert. Du kannst dir in deinem Depot einen monatlichen Sparplan einrichten, der automatisch dein Geld in die Auswahl deiner ETFs investiert. Das ist ganz einfach, und du musst nicht jeden Monat händisch das Geld überweisen.

Neben den automatischen Überweisungen an dein Depot kannst du dir noch viertel- oder halbjährlich eine Erinnerung in deinen Kalender einstellen, um zu überprüfen, wie es um dein Depot bestellt ist. Wie haben sich deine Investitionen entwickelt? Ist der monatliche Sparbetrag zu hoch oder nicht hoch genug? Hast du vielleicht einen Bonus oder ein Geldgeschenk erhalten, das du jetzt gerne investieren möchtest? Dieser regelmäßige Finanztermin kann Ruhe und Sicherheit in deine ersten Investitionsversuche bringen, da du nicht ständig dein Depot checkst und fieberhaft die Kurse deiner Investitionen verfolgst. Falls du dir nach der Lektüre dieses Kapitels denkst: «Ich würde gerne einzelne Firmen auswählen, in die ich investiere», kann du entweder selbst direkt in Aktien investieren oder eine App wie Inyova benutzen. Bei dem Start-up aus Zürich kannst du dir selbst ein Portfolio von Unternehmen zusammenstellen, die auf ihre Nachhaltigkeit untersucht wurden, und setzt deine Stimmrechte gezielt für Veränderung bei diesen Unternehmen ein. Die Kosten des Portfolios rangieren zwischen 0,6 und 1,2 % jährliche Gebühr – je nach Höhe des investierten Betrags – und liegen somit etwas höher als bei einem durchschnittlichen ETF. Dafür kannst du dir dein Portfolio individueller zusammenstellen und weißt dein Geld in den Händen eines Investors, der gezielt Active Engagement bei den investierten Unternehmen macht, wie mir der CEO Tillmann Lang im Interview sagte.

Für Eilige

Es gibt unterschiedliche Finanzprodukte, in die du investieren kannst. Als Herzstück deines Investitionsplans empfehlen wir dir ETFs. Investitionstypen, denen ihr Nachhaltigkeits-Impact wichtig ist, investieren auch in grüne und braune Firmen, die von grünen Vermögensverwaltern gemanagt werden. Investitionstypen, denen Sicherheit wichtig ist, investieren etwa gleich viel Kapital in Anleihen- wie in Aktien-ETFs.

Es lohnt sich, deinen persönlichen Investitionsplan schriftlich festzuhalten. Folgende vier Schritte hauchen deiner Investitionsstrategie Leben ein:

1. Eröffne ein Depot
2. Wähle deine Finanzprodukte und erstelle deinen Investitionsplan
3. Investiere dein Kapital entsprechend deinem Investitionsplan
4. Bleib dran und überprüfe deine Entscheidungen regelmäßig

Nachwort

Hand aufs Herz: Wie weit bist du mit deiner nachhaltigen Finanzaufstellung gekommen? Falls du ein paar Schritte übersprungen oder auf später verschoben hast, können wir das gut verstehen. Uns ging es schließlich genauso. Nichtsdestotrotz wollen wir hier die Chance ergreifen, dir zu sagen: Leg einfach los!

Führ dir noch einmal vor Augen, was du in diesem Buch alles gelernt hast. Damit du uns nicht einschläfst, hier noch mal in aller Kürze die fünf Punkte, die du im Kopf behalten solltest, auch wenn du alles andere vergisst:

1. Banken brauchen dein Geld nicht, um Geld zu verleihen, sie wollen es aber trotzdem. Als Kunde oder Kundin hast du also Macht. **Wechselst du zu einer nachhaltigeren Bank, signalisierst du anderen Banken, dass das Thema Nachhaltigkeit wichtig ist, und gibst somit einen wichtigen Veränderungsimpuls.**

2. Braune Firmen nachhaltiger zu machen, kann sinnvoller sein, als lediglich in grüne Firmen zu investieren, da das Verbesserungspotenzial von großen grünen Firmen begrenzt ist. Also: **Wenn dir Impact wichtig ist, gib dein Geld einem Vermögensverwalter, der sich aktiv für Veränderung bei braunen Firmen einsetzt.**

3. Entwickle eine Vision und mache eine finanzielle In-

ventur. **Wofür willst du eigentlich sparen und investieren?** So kannst du mit deinem Geld nicht nur dem Planeten helfen, sondern auch deine Träume erfüllen.

4. **Welcher Investitionstyp bist du? Wie viel Sicherheit brauchst du? Welches Risiko möchtest du eingehen? Wie wichtig ist dir Impact?** Diese Fragen solltest du beantworten können, um eine Anlagestrategie zu finden, die wirklich zu dir passt.

5. Und zu guter Letzt das Wichtigste: Dein Investitionssystem muss nicht perfekt sein. Unseres ist es auch nicht. Aber wir haben endlich eines! Und das System darf sich weiterentwickeln, es lebt und atmet sozusagen. Es entwickelt sich mit uns weiter. **Es geht in erster Linie darum, einfach anzufangen. Also zögere nicht lange und mache den ersten Schritt bei deiner Finanzplanung – so schwierig ist es gar nicht!**

Eine Sache hat mir beim Schreiben dieses Buches auf der Seele gebrannt. Denn in diesem Buch ging es vor allem um eines: um dich und darum, wie du in dem bestehenden Finanzsystem nachhaltige Finanzentscheidungen treffen kannst. Wie du im Buch gesehen hast, gibt es erste Ansätze, die tatsächlich auf die Nachhaltigkeitswirkung von Investitionen abzielen, auch wenn es noch viel Luft nach oben gibt.

Aber dieses Buch wäre nicht vollständig, wenn ich nicht klarstellen würden, dass Nachhaltigkeit viel mehr erfordert als die Entscheidungen Einzelner. Um diesen Planeten für die Menschheit zu erhalten, braucht es eine tiefgreifende Veränderung des Systems, ein Update für unser Finanzsystem, ein Finanzsystem 2.0 sozusagen. Die Zeit drängt, wir spüren die Auswirkungen des sich beschleunigenden Klimawandels immer deutlicher. Das ist spätestens seit der fürchterlichen Flut im Ahrtal 2021 auch in der Mitte der deutschen Gesellschaft angekommen.

Doch wie können wir das Finanzsystem fit machen für den Klimawandel? Zuallererst geht es darum, eine klassische Erzählung über das Finanzsystem zu hinterfragen: Die Logik, dass der Markt das schon regelt, funktioniert nicht. Das ist deutlich sichtbar. Wie können wir also den Markt regeln, damit wir die Chance auf ein gutes Leben auf und mit diesem Planeten nicht verspielen? Um mich der Antwort auf diese drängende Frage unserer Zeit zu nähern, habe ich mich mit Kristina Jeromin unterhalten. Sie war stellvertretende Leiterin des Sustainable-Finance-Beirats der Bundesregierung und Leiterin der Nachhaltigkeitsstrategie der Deutschen Börse und ist eine der renommiertesten deutschen Green-Finance-Expert:innen.

In unserem Zoom-Interview erzählt mir Jeromin, dass sie den Ball klar im Feld der Politik sieht: Selbstverständlich können die Unternehmen viel tun, sie brauchen aber klare regulatorische Leitplanken. Diese Leitplanken hat Jeromin zusammen mit ihren Kolleginnen und Kollegen im Sustainable-Finance-Beirat in 31 Empfehlungen aufgeschrieben.

Natürlich könnte ich jetzt auf alle 31 dieser Empfehlungen eingehen – und mir juckt es in der Tat in den Fingern, das zu tun –, aber im Grunde geht es bei Jeromins

Empfehlungen um drei wichtige Schritte in Richtung des Finanzsystems 2.0.

Erstens: Wir brauchen eine standardisierte Transparenz. Wir müssen Unternehmen klar sagen, was wir von ihnen wissen wollen. Noch heute ist es schwierig, überhaupt valide Daten über die Emissionen von Unternehmen zu bekommen. Bei unserer Analyse für die Temperatur-Scores gab es immer wieder Unternehmen, für die es keine Emissionsdaten gab. Auch wenn Tesla viel für das Vorankommen der Elektromobilität getan hat, CO_2-Emissionen meldet der kalifornische Autobauer nicht systematisch. Es sollte also einen klaren rechtlichen Rahmen geben, um als Investor:in an wesentliche Informationen zu kommen, sagt Jeromin.

Zweitens: Mit dieser gewonnenen Datentransparenz könnte man klarere Zielvorgaben einführen, die im Einklang mit den Pariser Klimazielen stehen. Unternehmen müssen klare Kriterien vorgegeben werden, anhand derer sie ihren ökologischen Fußabdruck messen und steuern können.

Drittens, und hier wird es richtig spannend: «Ich glaube, dass die Produktkategorien, die wir aktuell im Finanzmarkt haben, um Nachhaltigkeit abzubilden, alle gänzlich unwirksam sind», sagt Jeromin. Ihrer Meinung nach müssen wir wegkommen von den derzeitig gängigen Labels «nachhaltig» und «nicht nachhaltig». Was wichtig sei, ist nicht die statische Einschätzung des Fußabdruckes eines Unternehmens oder Fonds, sondern die Einschätzung des Wandels.

Also: Wie erfolgreich sind Unternehmen darin, nachhaltiger zu werden? Die Logik deckt sich mit der in diesem Buch: Es geht darum, den Wandel von braunen Unternehmen hin zu grüneren Unternehmen zu unterstützen, anstatt nur in grüne Firmen zu investieren. Wenn wir dem Klimawandel begegnen wollen, brauchen wir einen Wandel der Wirtschaft – und den müssen wir Schritt für Schritt vorantreiben. Jeromin empfiehlt, den gezielten Umbau von CO_2-intensiven Unternehmen in konkrete Produkte zu gießen, wie beispielsweise Transformationsfonds.

Ein Transformationsfonds würde ähnlich funktionieren wie die vorgeschlagenen Fonds in unserer Impact-Strategie. Lediglich gäbe es nicht nur einige Vermögensverwalter, die sich für einen nachhaltigen Wandel der Unternehmen einsetzen, sondern das Ziel des Fonds wäre neben Rendite, diese Unternehmen fit für die Zukunft zu machen. Und das beinhaltet natürlich, dass dieser Planet die Bewirtschaftung möglichst unbeschadet übersteht und damit auch die Menschheit.

Für alle, die es genau wissen wollen, hier Jeromins konkrete Beschreibung: «In einem Transformationsfonds müssen alle Unternehmen eine Klimaberichterstattung nach der Task Force on Climate-Related Financial Disclosures (TFCD) leisten, eine ungefähre Bemessung ihres aktuellen Fußabdrucks und eine klare Zielsetzung, wohin die Reise gehen soll. Es wird regelmäßig überprüft, ob die Unternehmen diese selbst gesteckten Ziele einhalten oder nicht. Wenn nicht: Warum nicht? Wenn Unternehmen mehrmals die eigenen Ziele verfehlen, werden sie aus dem Fonds ausgeschlossen.» Das hätte zur Folge, dass ein Anreiz entstünde, dass Unternehmen die Ziele erreichen. Auch hier hat der Fondsverwalter Engine No. 1

die Zeichen der Zeit erkannt und neben dem ersten ETF VOTE nun auch den aktiv verwalteten ETF NETZ (ISIN: US29287L2051) im Feburar 2022 auf den Markt gebracht, der sich aktiv für Veränderung bei braunen Firmen einsetzt. Der ETF ist momentan nur über amerikanische Handelsplätze erhältlich, aber signalisiert ein Umdenken in Teilen der Industrie weg von klassischen ESG-Ansätzen hin zu einer stärkeren Impact-Logik.

Viel liegt also in den Händen der Politiker:innen, die diesen Wandel begleiten und fördern müssen. Aber viel liegt trotzdem auch in unseren Händen. Mit der Art und Weise, wie du dein Geld anlegst, kannst du Entscheider:innen in Unternehmen und Politik dazu bewegen, nachhaltiger zu agieren. Mit deinen Investitionen kannst du grüne oder Firmen, die sich für eine grüne Transformation entscheiden, auf ihrem Weg unterstützen.

«Man kann nicht nicht kommunizieren.» Kennst du diesen Satz? Genauso verhält es sich mit deinen Finanzen: Du kannst nicht keinen Einfluss haben. Wenn du nichts machst, signalisierst du Firmen «weiter so» und trägst zu dem wenig nachhaltigen Kurs bei, auf dem wir uns zurzeit befinden. Nur wenn du klarmachst, dass Nachhaltigkeit für dich ein wichtiges Thema bei finanziellen Entscheidungen ist, kann dein Geld etwas zu einer nachhaltigeren Welt beitragen.

Da du dieses Buch liest, gehörst du zusammen mit all den anderen Leserinnen und Lesern schon zu denjenigen, die etwas tun wollen. Also bleibt mir wirklich nur noch eins zu schreiben: Bleib dran! Mach deine Finanzen nachhaltig – für dich und für die Zukunft dieses Planeten. Viel Erfolg wünschen wir dir!

Viel Erfolg!

Dank

Es ist ganz einfach: Dieses Buch würde ohne die Hilfe, den Zuspruch und die Tipps einiger wundervoller Menschen nicht existieren. Diesen Personen wollen wir hier noch mal von ganzem Herzen danken:

Der erste Dank geht an unsere Lektorin Antje Röttgers. Ohne deine klugen Ratschläge und Ruhe vor bevorstehenden Deadlines würde es dieses Buch nicht geben.

Unser Dank gilt auch unserer Agentin Petra Hermanns, die früh an das Projekt geglaubt hat und bei Rowohlt ein sehr schönes Zuhause für unser Buch gefunden hat.

Unser Dank gilt auch unserer wundervollen Illustratorin Lorna Schütte, die mit viel Kreativität und Liebe zum Detail die Inhalte zum Leben erweckt hat.

Auch ohne unsere Testleser:innen wäre dieses Buch nicht das, was es heute ist. Danke insbesondere an Simon, Carina, Peter, Lena und Julian.

Für ihre interessanten Einsichten und die spannenden Gespräche danken wir unseren Interview-Partner:innen Julian Kölbel, Pablo Salas, Fridtjof Detzner, Kristina Jeromin, Tillmann Lang, Moritz Wickert, Philip Berntsen und Mia Sannapureddy. Großer Dank auch an Cal Newport für Inspiration und Zuspruch.

Und zuletzt geht ein großer Dank an alle Forscher:innen und Aktivist:innen, die die Studien gemacht haben, auf denen dieses Buch beruht. Danke euch für eure wertvolle Arbeit!

Anhang

Für jeden ETF gebe ich dir einen kurzen Steckbrief an die Hand, damit du dich schnell über die Grundzüge des ETFs informieren kannst. Diese Informationen sind lediglich als ein erster Schritt gedacht, und du solltest die Auswahl der ETFs mit deiner eigenen Recherche verbinden. Diese sind:

- **Vermögensverwalter:** Wer verwaltet den ETF? Besonders wichtig, da du deine Stimmrechte an den Vermögensverwalter abtrittst.
- **Internationale Wertpapierkennnummer (ISIN):** Identifikationsnummer des ETFs, damit du den ETF auch schnell in deiner App oder der Google-Suche findest.
- **Kurzbeschreibung:** Was ist das Ziel des ETFs? Nach welchen Kriterien werden Firmen ausgewählt?
- **Größte drei Positionen:** Welche drei Firmen stellen die größten Positionen im ETF dar?
- **Risikoklasse:** von 1–7. Je geringer die Risikoklasse, desto niedriger das Risiko, aber üblicherweise auch der Gewinn.
- **Temperatur-Score:** Wie stark würde sich laut unserer Berechnungen das Weltklima erhitzen, wenn die Weltwirtschaft ähnlich CO_2-intensiv wäre? Bei 2.0 Grad oder weniger werden die Klimaziele eingehalten, bei mehr als 2.0 Grad nicht. Wir nennen

hier auch ETFs mit einer Temperaturmetrik über 2.0 Grad, da sich diese in Kombination mit einem klimaaffinen Vermögensverwalter für eine Impact-Strategie eignen.

- **Ja-Stimmen für Klimaresolutionen:** Durchschnittliche Häufigkeit von Ja-Stimmen des Vermögensverwalters für Klimaresolutionen im Jahr 2021 laut ShareAction.
- **Laufende Kosten (TER):** Jährlich anfallende Kosten des ETFs.
- **3-Jahres-Rendite:** Durchschnittlich erzielter Gewinn in den letzten 3 Jahren (Stand: Januar 2022). Wir geben hier die Rendite der letzten 3 Jahre an, da Kurse kurzfristig stark fluktuieren können.

L&G Clean Energy UCITS ETF

Emittent	Legal & General (L&G) Investment Management
ISIN	IE00BK5BCH80
Kurzbeschreibung	Rund 60 Unternehmen weltweit mit Fokus auf nachhaltige Energiegewinnung.
Die größten 3 Positionen	Tesla, Enphase Energy, Aker Solutions
Risikoklasse	7
Temperatur-Score	

Ja-Stimmen für Klima-resolutionen (2021)	87 %
Laufende Kosten (%)	0,49 %
3-Jahres-Rendite	13,9 % (von 12.11.2020–13.01.2022)

Stand: Januar 2022

BNP Paribas Easy Low Carbon 100 Europe UCITS ETF

Emittent	BNP Paribas
ISIN	LU1377382368
Kurzbeschreibung	Rund 100 Unternehmen aus Europa, «die auf der Grundlage der Chancen und Risiken im Zusammenhang mit der Klima-wende ausgewählt werden». Unternehmensziele an Pariser Klimazielen ausgerichtet
Die größten 3 Positio-nen	Nestlé, Novartis, Diageo
Risikoklasse	6
Temperatur-Score	
Ja-Stimmen für Klima-resolutionen (2021)	96 %

Laufende Kosten (%)	0,3 %
3-Jahres-Rendite	49,0 %

Stand: Januar 2022

AMUNDI INDEX MSCI WORLD SRI UCITS ETF DR

Emittent	Amundi
ISIN	LU1861134382
Kurzbeschreibung	Große und mittelgroße Unternehmen aus 23 Industrieländern
Die größten 3 Positionen	Microsoft, Tesla, Nvidia
Risikoklasse	6
Temperatur-Score	
Ja-Stimmen für Klimaresolutionen (2021)	97 %
Laufende Kosten (%)	0,18 %
3-Jahres-Rendite	82,5 %

Stand: Januar 2022

233

AMUNDI ETF DAX UCITS ETF DR

Emittent	Amundi
ISIN	FR0010655712
Kurzbeschreibung	Größten 40 deutschen Unternehmen
Die größten 3 Positionen	Linde, SAP, Siemens
Risikoklasse	6
Temperatur-Score	
Ja-Stimmen für Klimaresolutionen (2021)	97 %
Laufende Kosten (%)	0,1 %
3-Jahres-Rendite	44,4 %

Stand: Januar 2022

AMUNDI S&P 500 UCITS ETF – EUR (C)

Emittent	Amundi
ISIN	LU1681048804
Kurzbeschreibung	Rund 500 der größten US-Unternehmen
Die größten 3 Positionen	Apple, Microsoft, Amazon
Risikoklasse	6
Temperatur-Score	
Ja-Stimmen für Klimaresolutionen (2021)	97 %
Laufende Kosten (%)	0,15 %
3-Jahres Rendite	91,8 %

Stand: Januar 2022

AMUNDI MSCI WORLD UCITS ETF – EUR (C)

Emittent	Amundi
ISIN	LU1681043599
Kurzbeschreibung	Rund 1700 Unternehmen aus aller Welt
Die größten 3 Positionen	Apple, Microsoft, Amazon
Risikoklasse	6
Temperatur-Score	
Ja-Stimmen für Klimaresolutionen (2021)	97 %
Laufende Kosten (%)	0,38 %
3-Jahres-Rendite	71,8 %

Stand: Januar 2022

Lyxor Green Bond (DR) UCITS ETF –
Monthly Hedged to EUR

Emittent	Lyxor
ISIN	LU1563454823
Kurzbeschreibung	Grüne Anleihen von Unternehmen und Staaten, die von Climate Bond Initiative als solche anerkannt wurden
	Diese grünen Anleihen sind zweckgebunden und fließen besonders in erneuerbare Energien, grüne Gebäude und Transport
Die größten 3 Positionen	Grüne Staatsanleihen von Frankreich, Italien, Belgien
Risikoklasse	3
Laufende Kosten (%)	0,3 %
3-Jahres-Rendite	7,1 %

Stand: Januar 2022

Bildnachweis

Abbildung S. 29 basiert auf: Werle, A. (undatiert) *Wie funktioniert eine Bank und was macht die Bank mit meinem Geld?* https://homemadefinance.de/wie-funktioniert-eine-bank/

Abbildung S. 33 basiert auf: Siedenbiedel, C. (2012) *Wie kommt Geld in die Welt?* https://www.faz.net/aktuell/wirtschaft/wirtschaftswissen/geldschoepfung-wie-kommt-geld-in-die-welt-11637825.html

Abbildungen S. 58–61 basieren auf: Heeb, F. & Kölbel, J. (2020) ‹The Investor's Guide to Impact›. https://csp-for-impact.medium.com/the-investors-guide-to-impact-a-guide-to-moving-the-needle-859d7a455b48

Abbildung S. 77 basiert auf: Napach, B. (2016) *Investing in ESG, SRI or Impact Funds? Do You Know the Difference?, ThinkAdvisor.* https://www.thinkadvisor.com/2016/11/08/investing-in-esg-sri-or-impact-funds-do-you-know-the-difference/

Abbildung S.105 basiert auf: ShareAction (2021) ‹Voting Matters 2021: Are asset managers using their proxy votes for action on environmental and social issues?›, S. 41, https://api.shareaction.org/resources/reports/ShareAction-Voting-Matters-2021.pdf

Quellen

Alle Online-Quellen wurden, sofern nicht anders vermerkt, zuletzt abgerufen am 13. März 2022.

TEIL I – Stimmt das wirklich? Grüne Geldmythen auf dem Prüfstand

Sustainable Finance-Beirat der Bundesregierung (2021) ‹Shifting the Trillions: Ein nachhaltiges Finanzsystem für die Große Transformation›, S. 1–131. https://sustainable-finance-beirat.de/wp-content/uploads/2021/03/210319_SustainableFinanceCommiteeRecommendations.pdf

Geldmythos 1: Mein Geld liegt nur auf der Bank, also passiert auch nichts damit

Bank99 (2020) *Geschäftsmodell Bank: so verdienen Banken Geld, Bank 99 Blog.* https://bank99.at/blog/geschaeftsmodell-bank-so-verdienen-banken-geld/

Beattie, A. (2021) *The Evolution of Banking Over Time, Investopedia.* https://www.investopedia.com/articles/07/banking.asp

Bundesbank (2017) *Monatsbericht April 2017.* https://www.bundesbank.de/resource/blob/665284/c0eeb

9d1460e0489c7b5f55cf98c98c6/mL/2017-04-monats
bericht-data.pdf

Chang, S. (2017) *Here's all the money in the world, in one chart, MarketWatch.* https://www.marketwatch.com/ story/this-is-how-much-money-exists-in-the-entire-world-in-one-chart-2015-12-18.

Freixas, X. & Rochet, J.-C. (2008) *Microeconomics of Banking.* 2nd edn.

Johnston, M. (2021) *Why Banks Don't Need Your Money to Make Loans, Investopedia.* https://www.investopedia. com/articles/investing/022416/why-banks-dont-need-your-money-make-loans.asp

Krol, B. (2018) *Kreislauf des Geldes, Planet Wissen.* https:// www.planet-wissen.de/gesellschaft/wirtschaft/geld/ pwiewieneuesgeldindieweltkommt100.html

Siedenbiedel, C. (2012) *Wie kommt Geld in die Welt?* https://www.faz.net/aktuell/wirtschaft/wirtschafts-wissen/geldschoepfung-wie-kommt-geld-in-die-welt-11637825.html

Werle, A. (undatiert) *Wie funktioniert eine Bank und was macht die Bank mit meinem Geld?* https://homemade finance.de/wie-funktioniert-eine-bank/

Witzmann, D. (2020) *Der ganz schön sichtbare unsichtbare Bankräuber, BankingClub.* https://www.bankingclub. de/news/fun-fact/der-ganz-schoen-sichtbare-unsicht bare-bankraeuber/

Geldmythos 2: Nachhaltig heißt unrentabel

Ambrose, J. (2021) ‹This isn't ideological›: reluctant ‹green hero› behind Exxon coup, Guardian. https://www.the guardian.com/business/2021/jun/04/exxon-coup-ideo logical-reluctant-activists-engine-no-1

Baer, J. & Lim, D. (2021) The Hedge-Fund Manager Who Did Battle With Exxonand Won, WSJ. https://www.wsj.com/articles/the-hedge-fund-manager-who-did-battle-with-exxonand-won-11623470420

CAT (2022) ‹Climate Action Tracker Net Zero Targets›. https://climateactiontracker.org/

Detzner, Fridtjof (2021) Interview mit Benedict Probst [Zoom], 11. Juni.

Detzner, Fridtjof (2021) Interview mit Nina Martin [Zoom], 20. Juli.

Europäischer Rat (2021) Fit für 55: Der EU-Plan für den grünen Wandel.

Friede, G., Busch, T. & Bassen, A. (2015) ‹ESG and financial performance: aggregated evidence from more than 2000 empirical studies›, Journal of Sustainable Finance and Investment, 5(4), S. 210–233. doi: 101080 / 20430795. 20151118917.

Gerretsen, I. (2021) Shell ordered to slash emissions 45 % by 2030 in historic court ruling, Climate Change News. https://www.climatechangenews.com/2021/05/26/shell-ordered-slash-emissions-45-2030-historic-court-ru ling/

Hasemyer, D. (2021) *Thawing Permafrost has Damaged the Trans-Alaska Pipeline and Poses an Ongoing Threat, Inside Climate News.* https://insideclimatenews.org/news/11072021/thawing-permafrost-trans-alaska-pipeline/

Hindenburg Research (2020) *Nikola: How to Parlay An Ocean of Lies Into a Partnership With the Largest Auto OEM in America – Hindenburg Research.* https://hindenburgresearch.com/nikola/

Isidore, C. (2021) *Tesla is now worth more than $1 trillion – CNN, CNN Markets Now.* https://edition.cnn.com/2021/10/25/investing/tesla-stock-trillion-dollar-market-cap/index.html

Rutkowski, M. (2020) *Warum ist Tesla an der Börse mehr wert als VW, Daimler und BMW?, Handelsblatt.* https://www.handelsblatt.com/unternehmen/industrie/elektroautobauer-warum-ist-tesla-an-der-boerse-mehr-wert-als-vw-daimler-und-bmw/26301744.html?ticket=ST-8784401-XvmWdft9KWZtCxR24Wa1-ap6

Schaal, S. (2021) *New Yorker Staatsanwalt klagt Ex-Nikola-CEO Milton an, electrive.net.* https://www.electrive.net/2021/07/30/new-yorker-staatsanwalt-klagt-ex-nikola-ceo-milton-an/

Waters, R. (2021) *Elon Musk: Interview with FT's Person of the Year, Financial Times.* https://www.ft.com/content/a7f75d25-d710-4aaa-9f57-49e24d67744d

Geldmythos 3: Durch nachhaltige Anlagen wird der Planet nicht nachhaltiger

Behind The Money Podcast (2021) *Inside ESG: Is the $ 1.7tn wave of sustainable investing hope or hype?*, *Financial Times*. https://www.ft.com/content/72c92336-c8ca-4779-bb65-11ef3c77729b

Gaddy, B. E. et al. (2017) ‹Venture Capital and Cleantech: The wrong model for energy innovation›, *Energy Policy*. Elsevier, 102 (June 2016), S. 385 – 395. doi: 10 1016/j.enpol.2016. 12. 035.

Heeb, F. & Kölbel, J. (2020) ‹The Investor's Guide to Impact›. https://csp-forimpact.medium.com/the-investors-guide-to-impact-a-guide-to-moving-the-needle-859d7a455b48

Kölbel, J. F. et al. (2020) ‹Can Sustainable Investing Save the World? Reviewing the Mechanisms of Investor Impact›, *Organization and Environment*, 33(4), S. 554 – 574. doi: 101177 / 1086026620919202.

Kölbel, Julian (2021) Interview mit Benedict Probst [Zoom], 1. November.

Mahmood, R. (2021) *The Top 20 Largest ESG Funds – Under the Hood, Msci Esg*.

Martin, J. et al. (2020) ‹Voting Matters 2020 for action on climate and social issues›. https://shareaction.org/wp-content/uploads/2020/11/Voting-Matters-2020.pdf

WorldOil (2019) *Oil industry has a millennial problem as talent pipeline trickles, World Oil*. https://www.worldoil.com/news/2019/8/2/oil-industry-has-a-millennial-problem-as-talent-pipeline-trickles

Geldmythos 4: Grünen Labels kann man nicht trauen, alles nur Greenwashing

Berg, F., Kölbel, J. & Rigobon, R. (2022) ‹Aggregate Confusion: The Divergence of ESG Ratings›, *SSRN Electronic Journal*. doi: 102139 / ssrn.3438533.

BlackRock (2022) *ESG Fonds Erkunden*. https://www.blackrock.com/at/privatanleger/etfs-und-indexfonds/nachhaltig-investieren/esg-fonds-erkunden

Friedman, M. (1970) *A Friedman doctrine – The Social Responsibility Of Business Is to Increase Its Profits – The New York Times, New York Times*. https://www.nytimes.com/1970/09/13/archives/a-friedman-doctrine-the-social-responsibility-of-business-is-to.html

Georgieva, A. & Mehrotra, S. (2022) *Sustainable investment fund labeling frameworks : An apples-to-apples comparison*.

Lumberg, J. (2022) *A History of Impact Investing, Investopedia*. https://www.investopedia.com/news/history-impact-investing/

Mackintosh, J. (2018) *Is Tesla or Exxon More Sustainable? It Depends Whom You Ask, WSJ*. https://www.wsj.com/articles/is-tesla-or-exxon-more-sustainable-it-depends-whom-you-ask-1537199931

Napach, B. (2016) *Investing in ESG, SRI or Impact Funds? Do You Know the Difference?, ThinkAdvisor*. https://www.thinkadvisor.com/2016/11/08/investing-in-esg-sri-or-impact-funds-do-you-know-the-difference/

Schorn-Schütte, L. (2006) *Die Reformation. Vorgeschichte, Verlauf, Wirkung*. München: C. H. Beck.

Simpson, C., Rathi, A. & Kishan, S. (2021) *The ESG Mirage, Bloomberg.* https://www.bloomberg.com/graphics/2021-what-is-esg-investing-msci-ratings-focus-on-corporate-bottom-line/

Geldmythos 5: Ich habe als kleine:r Investor:in doch eh keinen Einfluss

Berk, J. B. & van Binsbergen, J. H. (2021) ‹The Impact of Impact Investing›, *Law & Economics Center at George Mason University Scalia Law School Research Paper Series.* https://ssrn.com/abstract=3909166

Berntsen, Philip (2021) Interview mit Benedict Probst [Zoom], 16. November.

Braungardt, S., van den Bergh, J. & Dunlop, T. (2019) ‹Fossil fuel divestment and climate change: Reviewing contested arguments›, *Energy Research & Social Science.* Elsevier, 50, S. 191–200. doi: 101016 / J.ERSS. 2018.12.004.

Climate Action 100+ (2022). https://www.climateaction100.org/.

COMPANISTO (2022) *Equity investments for start-ups | Companisto.* https://www.companisto.com/en

Enpal (2022) *Mit Solarstrom einfach Geld sparen.* https://www.enpal.de/

Follow This (2021) *TotalEnergies leaves the Paris Accord to be met by others, Follow This Blog.* https://www.follow-this.org/totalenergies-leaves-the-paris-accord-to-be-met-by-others/

frigg (2022) *Securing a sustainable future.* https://www.frigg.eco/

Giving Green (2022) *We help donors and volunteers fight climate change, Giving Green.* https://www.givinggreen.earth/.

Global Fossil Fuel Commitments Database (2022). https://divestmentdatabase.org/

Goldenberg, S. (2013) *Just 90 companies caused two-thirds of man-made global warming emissions | Greenhouse gas emissions, Guardian.* https://www.theguardian.com/environment/2013/nov/20/90-companies-man-made-global-warming-emissions-climate-change

Groot, W. de, Koning, J. de & Winkel, S. van (2021) ‹Sustainable Voting Behavior of Asset Managers: Do They Walk the Walk?›, *The Journal of Impact and ESG Investing.* doi: 103905/jesg.2021.1.021.

Heeb, F. & Kölbel, J. (2020) ‹The Investor's Guide to Impact›. https://csp-forimpact.medium.com/the-investors-guide-to-impact-a-guide-to-moving-the-needle-859d7a455b48

Heede, R. (2014) ‹Tracing anthropogenic carbon dioxide and methane emissions to fossil fuel and cement producers, 1854–2010›, *Climatic Change.* Kluwer Academic Publishers, 122(1–2), S. 229–241. doi: 101007/S10584–013–0986-Y.

Home Rocket (2022) *Die verschiedenen Crowdfunding Arten, Home Rocket.* https://www.homerocket.com/crowdfunding

Indiegogo (2021) *Lomi: Turn Waste To Compost With A Single Button, Indiegogo.* https://www.indiegogo.com/

projects/lomi-turn-waste-to-compost-with-a-single-button#/

Kickstarter (2022) *Kickstarter*. https://www.kickstarter.com/.

Marsh, A. (2021) ‹EU's Biggest Pension Fund to Dump $17 Billion in Fossil Fuels›, Bloomberg Green. https://www.bloomberg.com/news/articles/2021-10-26/fossil-fuel-divestment-supported-by-investors-with-39-trillion.

Sood, A., Nagrawala, F. & Hierzig, S. (2021) ‹Voting Matters 2021: Are asset managers using on environmental and›. https://api.shareaction.org/resources/reports/Share-Action-Voting-Matters-2021.pdf

Vaughan, A. (2014) *Fossil fuel divestment: a brief history, Guardian.* https://www.theguardian.com/environment/2014/oct/08/fossil-fuel-divestment-a-brief-history

Why Investor Engagement with ‹Dirty› Companies Is Better Than Divestment (2021) *Knowledge@Wharton.* https://knowledge.wharton.upenn.edu/article/engagement-better-than-divestment-for-dirty-companies/?utm_medium=organic-social&utm_source=linkedin

Wickert, Moritz (2021) Interview mit Benedict Probst [Zoom], 14 Dezember.

WorldOil (2019) *Oil industry has a millennial problem as talent pipeline trickles, World Oil.* https://www.worldoil.com/news/2019/8/2/oil-industry-has-a-millennial-problem-as-talent-pipeline-trickles

TEIL II: Entwickle deine persönliche Anlagestrategie

Dylan, B. (2022) *Was bedeutet schon Geld? Ein Mensch ist erfolgreich, wenn er ...* https://gutezitate.com/zitat/273490

TEIL III

Lamb, K. (2022) *In einem Jahr wirst du dir wünschen, du hättest heute angefangen. (Lamb) – Das Motto des Tages.* https://das-motto-des-tages.com/in-einem-jahr-wirst-du-dir-wuenschen-du-haettest-heute-angefangen-lamb/

Schritt 2: Richte dir ein grünes Girokonto ein

EthikBank (2022) *Die Geschichte der EthikBank.* https://www.ethikbank.de/die-ethikbank/rundgang/geschichte.html

Fair Finance Guide (2020) ‹Factsheet: tomorrow›. https://www.fairfinanceguide.de/media/496183/200915_factsheet-fair-finance-guide-tomorrow.pdf

Fair Finance Guide (2022a) *KD-Bank.*

Fair Finance Guide (2022b) *Klimaschutz | Fair Finance Guide Deutschland.* https://www.fairfinanceguide.de/ffg-d/themen/klimaschutz/

Fair Finance Guide (2022c) *Pax-Bank.* https://www.fairfinanceguide.de/ffg-d/banken/pax-bank/

Fair Finance Guide (2022d) *Triodos Bank.*

Focus (2021) *Weltspartag 2021: Das rote Sparbuch ist beerdigt! – FOCUS Online.* https://www.focus.de/finanzen/banken/weltspartag-2021-es-hat-sich-ausgespart-das-rote-sparbuch-ist-beerdigt_id_24353904.html

GLS Bank (2022a) *Geschichte.* https://www.gls.de/privatkunden/gls-bank/zahlen-fakten/geschichte/

GLS Bank (2022b) *Konditionen & Preise.* https://www.gls.de/privatkunden/konditionen-preise/

Pax-Bank (2022) *Girokonto-Vergleich.* https://www.pax-bank.de/privatkunden/konto-und-karten/girokonto/girokonto-vergleich.html

Sparkasse (2022) *Sparbuch als bewährte Geldanlage | Sparkonto eröffnen.* https://www.sparkasse.de/unsere-loesungen/privatkunden/sparen-anlegen/sparbuch.html#faq

Tomorrow (2022a) *Banking for a better future.* https://www.tomorrow.one/de-DE/

Tomorrow (2022b) *Tomorrow Preisliste.*

Triodos Bank (2022) *Girokonto | Nachhaltig und ethisch korrekt.* https://www.triodos.de/bezahlen/girokonto

Schritt 3: Tätige deine ersten Investitionen

Amundi (2022a) *AMUNDI ETF DAX UCITS ETF DR | FR0010655712.* https://www.amundietf.ch/institutionnelle_firmenkunden/product/view/FR0010655712.

Amundi (2022b) *AMUNDI INDEX MSCI WORLD – AU (D) | LU0996182480 | Amundi Asset Management | Investmentfonds.* https://www.amundi.de/privatanleger/product/view/LU0996182480.

Amundi (2022c) *AMUNDI INDEX MSCI WORLD SRI PAB – UCITS ETF DR (C) | LU1861134382.* https://www.amundietf.ch/amundi_etf_ch_de_instit/product/view/LU1861134382

Amundi (2022d) *AMUNDI S&P 500 UCITS ETF – EUR (C) | LU1681048804 | Amundi ETF Deutschland | Privatkunden.* https://www.amundietf.de/privatkunden/product/view/LU1681048804

As You Sow (2022) *As You Sow is Promoting Corporate Accountability Through Shareholder Action.* https://www.asyousow.org/

BNP Paribas (2022) *BNP PARIBAS EASY LOW CARBON 100 EUROPE PAB®.* https://www.bnpparibas-am.de/privatpersonen/fundsheet/aktien/bnp-paribas-easy-low-carbon-100-europe-pab-ucits-etf-c-lu1377382368/?tab=nav

Climate Bonds Initiative (2022) *Mobilizing debt capital markets for climate change solutions.* https://www.climatebonds.net/

COMPANISTO (2022) *Equity investments for start-ups | Companisto.* https://www.companisto.com/en

Engine No. 1 (2022) *Transform 500 ETF (ticker: VOTE).* https://etf.engine1.com/vote

Finanzfluss Team (2021) *Was ist ein Depot? Broker, Aktiendepot & Co. einfach erklärt – Finanzfluss.* https://www.finanzfluss.de/broker/

Finanztip (2020) *ETFs: 4 Steuerstrategien durchgerechnet – YouTube*. https://www.youtube.com/watch?v= eAY6iZ6mlyw.

Follow This (2022) *Green shareholders change the world*. https://www.follow-this.org/

justETF (2021a) *ETF für Anfänger:innen – mit ETFs Vermögen aufbauen* . https://www.justetf.com/ch/academy /etf-for-beginners.html

justETF (2021b) *ETFs und Fondsvolumen: Big is beautiful*. https://www.justetf.com/ch/news/etf/etfs-und-fonds volumen.html

justETF (2022) *Sparerpauschbetrag*. https://www.justetf. com/ch/news/geldanlage/der-sparerpauschbetrag.html

Lang, Tillmann (2021) Interview mit Benedict Probst [Zoom], 19. November.

L&G (2022) *L&G Clean Energy UCITS ETF, LGIM Fund Centre*. https://fundcentres.lgim.com/ch/de-qual/fund-centre/ETF/Clean-Energy/

Salinas, S. (2018) *Tesla stock tanks after Musk podcast appearance, executive exits, CNBC*. https://www.cnbc. com/2018/09/07/tesla-sinks-8percent-after-bizarre-musk-podcast-appearance-cao-exit.html.

Scalable Capital (2022) *Broker & Leading Robo-Advisor*. https://de.scalable.capital/en

ShareAction (2021) ‹Voting Matters 2021: Are asset managers using on environmental and›. https://api.share action.org/resources/reports/ShareAction-Voting-Matters-2021.pdf

Smartbroker (2022) *Der Online Broker von Deutschlands größter Finanzcommunity.* https://smartbroker.de/

Statista (2022) *Corona-Krise und die Aktienmärkte – DAX-Entwicklung 2020.* https://de.statista.com/statistik/daten/ /studie/1124368/umfrage/entwicklung-und-crash-des-dax-aufgrund-der-corona-krise-2020/

TradeRepublic (2022) *Investing and trade Stocks, ETF, Crypto in Germany.* https://traderepublic.com/en-de

Nachwort

Jeromin, Kristina (2021) Interview mit Benedict Probst [Zoom], 6. Dezember.

Sustainable Finance-Beirat der Bundesregierung (2021) ‹Shifting the Trillions: Ein nachhaltiges Finanzsystem für die Große Transformation›, S. 1–131. https://sustainable-finance-beirat.de/wp-content/up loads/2021/03/210319_SustainableFinanceCommitee Recommendations.pdf